きっかけになるのではないか……。
自分を大切にするというのは、目に見えるご褒美を買うという
ことではなく、自分を肯定できることだと思うからです。
本書が、家事時間そのものを
慈しむヒントになれば嬉しいです。

井田典子

「家事時間」のヒント1

まず1日を
ハッキリ
ぬり分けて
使いましょう

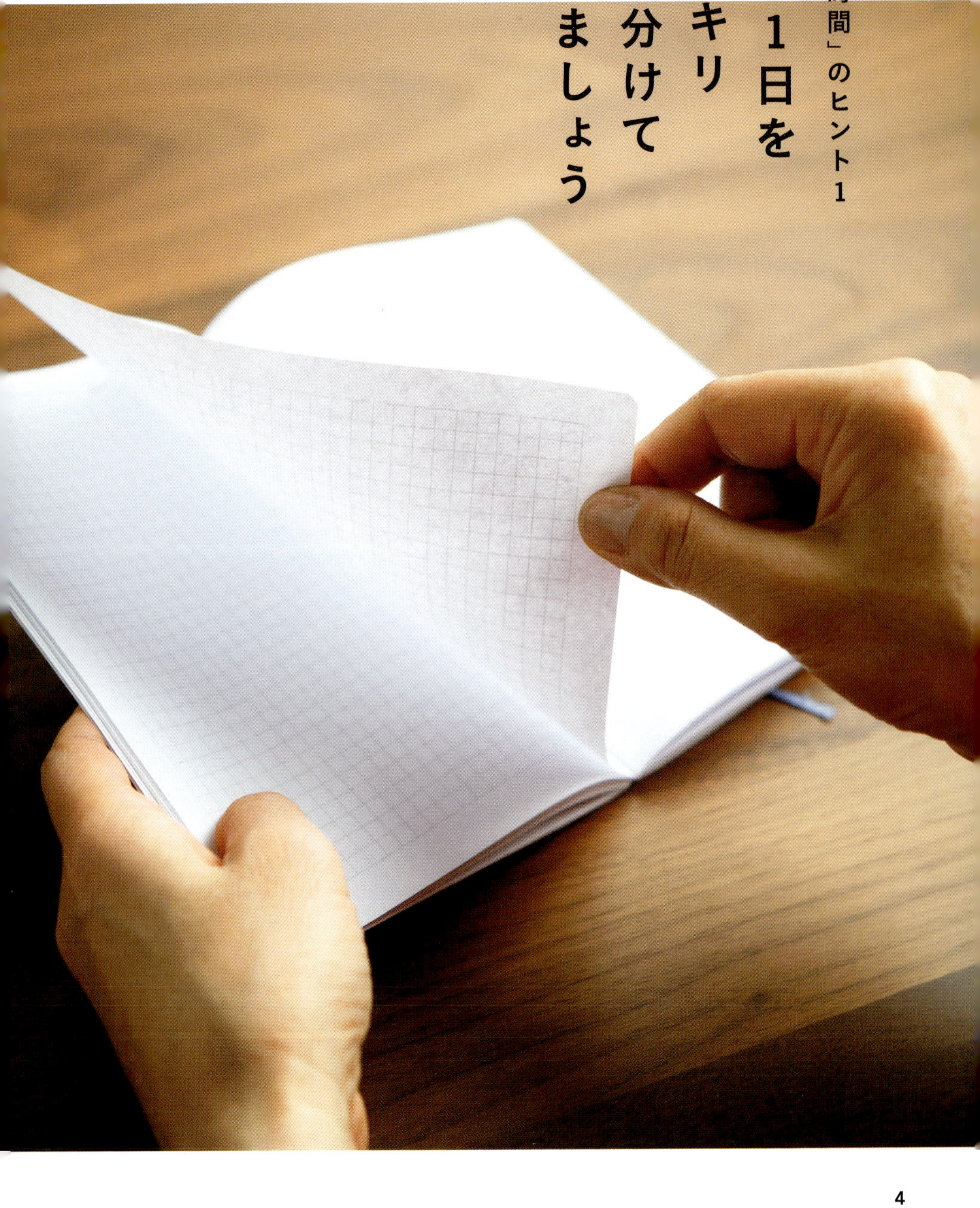

家事＝家の中にいられる日はリラックスできる反面、どうしてあんなにやることがあるのでしょう。私たちは目が覚めてから寝床に入るまで、実にたくさんの家事をこなしているのです。私が子どもたちに一人暮らしをさせたいと思ったのは、まず初めにそのことに気づき、生活を回す力を身につけてほしかったからでもありました。

専業主婦が減ってきた今、家族の誰もが担うべき家事ですが、限られた時間の中でどうしたら心地よく家のことが回るか、すべての家庭に当てはまる正解はありません。ただ実感しているのは「主体的に動くほうがハッピー」ということ。やらされている家事ではなく、自ら進んでやっている家事は効率よく運びます。

さらに私たちの体はひとつなのですから、同時進行をしないで「今はコレをしている」と意識して全力で目の前のことだけに集中すればいいのです。アレも、コレもしなくちゃと考えるモヤモヤは視界をにごらせ、仕事が雑になるもとではないでしょうか。

1日というページを「今は家事の時間」「今は休憩時間」と、意識の中でハッキリぬり分けながら使ってみませんか。満足できる時間の使い方は、意識がつくるのです。

「家事時間」のヒント2

後回しにしないクセをつける

私たちは、生活している中で知らずしらずたくさんの道具を使っています。それは元気に活動している証しでもありますが、それらを使った後始末を怠るとあっという間に部屋は乱雑になっていきます。子育てをしている間は、赤ちゃんに片づけ能力がないのでなおさらですね。子どもを寝かしつけた後、とっ散らかった部屋を見たくなくて超

高速で片づけていた頃を思い出します。

幸いなことに時は流れを止めないので、いつまでも子育ては続きません。子育てが終わっても、後回しの習慣を脱却するにはエネルギーが要ります。でも自転車と同じで、ペダルが重いのは初めのひとこぎ。必要なのは決心だけなのです。

例えば食器の後片づけ。食洗機が普及しているとはいえ、ちょっとした洗い物を流しの中に置きっぱなしにしたり、洗いカゴに伏せて終了した気分になっていませんか。一呼吸して、水がきれたら拭いてしまうところまで、と決めるだけで体に動くクセがつきます。

洗濯物を取り込んだらしまうところまで。郵便物は手にしたときに開封チェック……。面倒という言い訳は「わたしの未来の時間」を汚していきます。「イマヤルノガイチバンハヤイ」。心の中で呪文を唱えて奮発しましょう。

「家事時間」のヒント3

パターン化すると、家事は回りだす

家事は大きく4つに分けて考えられます。買い物から調理・片づけまでの「食」、洗濯・アイロンかけ・縫物などの「衣」、部屋の掃除や片づけなどの「住」、そして家計管理などの「家庭事務」です。

家族や生活状況によっても優先順位は変わりますが、家事時間の約半分を占めているのが「食」に関わる時間。調理済みを買ってきて済ませることもできる便利な時代ですが、わが家は5人家族時代から、家計を考えると総菜コーナーには立ち寄らない習慣がついてしまいました。

一番鍛えられたのは夫や子どもたちのお弁当作りです。毎朝3〜4個のお弁当箱を並べて、1升炊きの炊飯器からご飯を広げて冷ましている間に、冷凍庫や冷蔵庫の作りおきから解凍したり加熱したり。煮豆や常備菜などカップに小分けして、「お弁当お助け箱」にストックするパターンを思いついたのも必要に迫られてのことでした。子どもたちはテニス・バレエ・野球と体育会系だったので、割高な冷凍食品は使えなかったのです。卵2個に砂糖小さじ1、塩小さじ¼というシンプルな卵焼きは当日朝、軽く千回以上は焼いたことになります。夫婦だけになった今も、おかずストックは強い味方です。

鶏ハム
かぼちゃ煮

「家事時間」のヒント4

大切な時間を残しておく

「時短」という言葉が実は苦手です。スピーディーに家事を済ませることは確かに合理的かもしれません。けれど、高価な家電を買ってまで手に入れた「高価な時間」を、一体何に使いたいのか意識していないと、せっかく浮いた時間を漫然と過ごしてしまいます。

私は子育てをしていた時代に、ゆっくり本屋に行きたくて「ひと月に2時間でいいから解放して！」と夫に爆発したことがあります。「いつでも行ってくればいいのに」と言われて、肩透かしを食らったような気分でした。子どもに縛られていると思い込んでいたのは、私自身だったのです。

ほんの5分あれば、心を満たすことはできます。朝食前に夫が摘んできた草花を挿すだけでも、ふっと和むことができます。夕方、玄関の外から「おばあちゃ〜ん、ただいま〜」と飛び込んでくる孫を抱きとめるのは、今だけの特別な時間なのかもしれません。

もくじ

PART 1

家事を上手に区切る 1日の時間割

PART 2

ごはん作りのハードルを下げる 台所の時間術

PART 3

少ない手間でスッキリをキープ 掃除と洗濯の時間術

PART 4

暮らしを複雑にしない モノと片づけの時間術

PART 5

生活を"見える化"する 情報の管理術

PART 6

くつろぐための自分と家族の時間

column

井田家の「家事時間」ヒストリー

時間の使い方には、人生が表れるようです。
一緒に住む家族の人数が変われば、家事時間もガラリと変わります。

結婚～子ども幼少期

1日の「家事時間」
440分→323分

新婚時代はいつも次の食事を何にしようかと悩み、段取りも下手で、1日の家事をこなすのに7時間以上もかかっていました。でも子育てが始まると家事は待ったなし、2時間も短縮していたのは驚きです。

子ども3人の成長期

1日の「家事時間」
280分

食べ盛りの子どもたちに毎朝お弁当を作ったり、ユニフォームなど洗濯も多くて家事量のピークを迎えていましたが、4時間半くらいでこなしていたのは私の家事筋も鍛えられたのかも。仕事量も増やして、1日がぎゅうぎゅう詰めでした。

子ども独立

今

1日の「家事時間」
261分

子どもが一人ずつ独立するたびに少しずつ家事時間は短縮して、ようやく夫との時間が増えました。夕食後や休日をゆったり過ごせるようになった反面、高齢の両親が気がかりで帰省の回数も増えています。

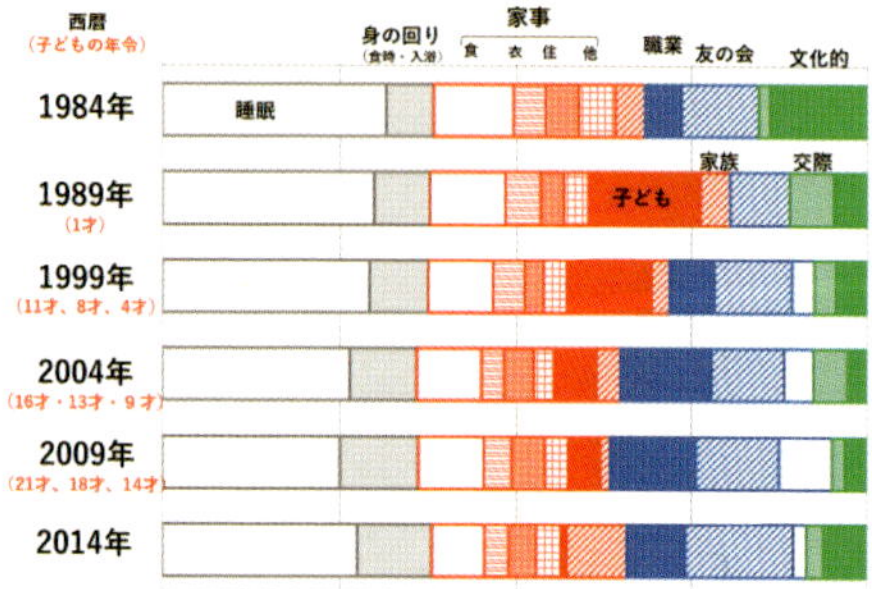

私の「生活時間しらべ」から（1日1440分の内訳）。

PART 1

家事を上手に区切る
1日の時間割

今の時代、どれだけ「家事時間」を割けるかは実にさまざまですが、
朝・昼・晩にすべきことを細かく仕分けることで、
自分の中に心地よいリズムが生まれていきます。
あなたの家事を、一度振り返ってみませんか？

1日に与えられた「家事時間」

1日は万人に24時間（＝1440分）が与えられていることは自覚していても、「家事時間」となると「しなくてはならない時間」と思いがちです。でも家のことをできるというのは、本当はとても幸せなこと。病で入院を余儀なくされた友人が、家にとても帰りたがっていたのを思い出すと切なくなります。

私はもともと「家」が好きなので、結婚後はできるだけ在宅でできる仕事を続けてきました。家事時間の平均は今、およそ261分（4時間21分）。起きている生活時間の30％を占めているのですから、一日の「質」にかなり影響してきます。生活には完全な形がないからこそ、目の前の一瞬一瞬をプレゼントされた家事時間と思って心から楽しみたいのです。

わたしの家事時間の内訳

・買い物
・通販の注文
・家計管理
・役所への用事
・生活の予定…

・朝昼晩の調理
・配膳
・食器等片づけ
・保存食作り…

1日に家事をする時間はほぼ決まっています

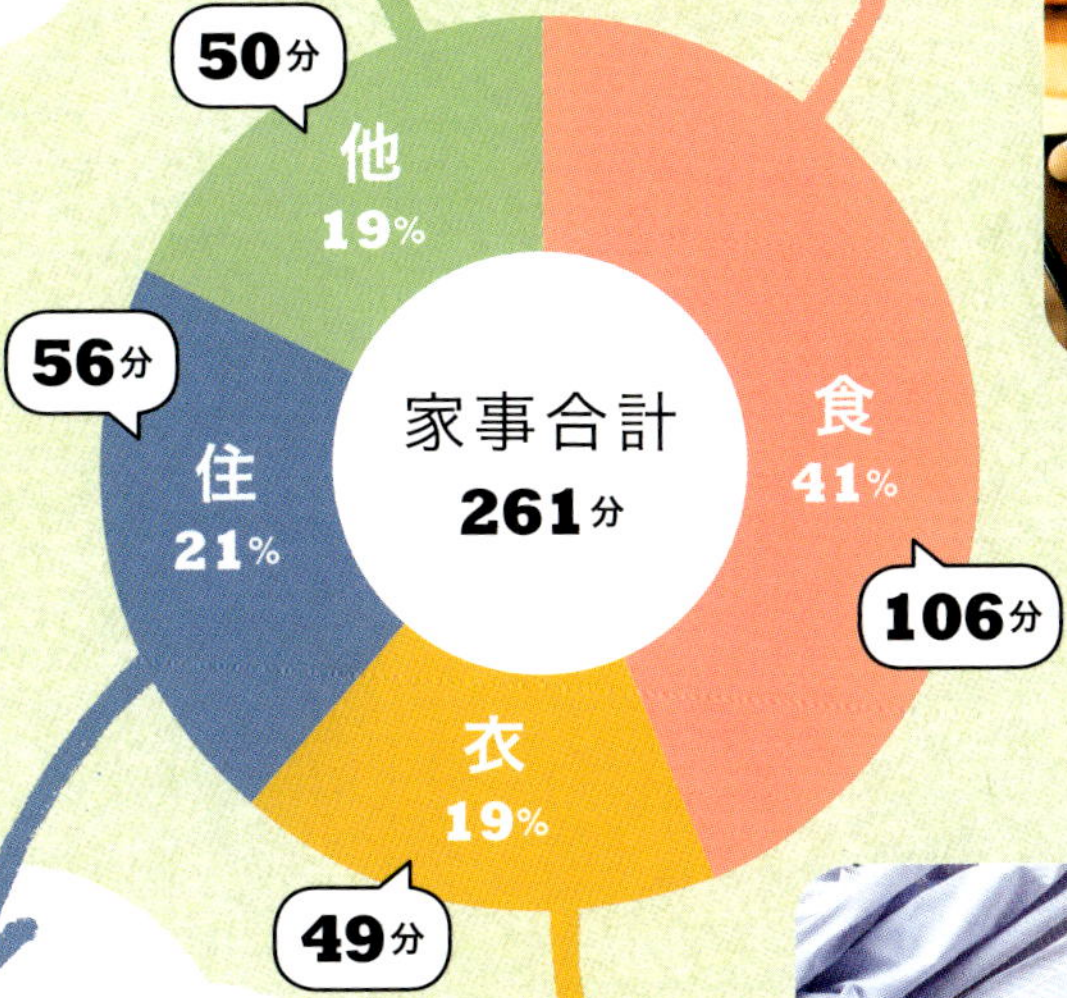

・掃除
・片づけ
・整理
・ゴミ出し
・風呂たき
・家具手入れ
・インテリア
・車の手入れ
・ペットの世話
・庭の手入れ…

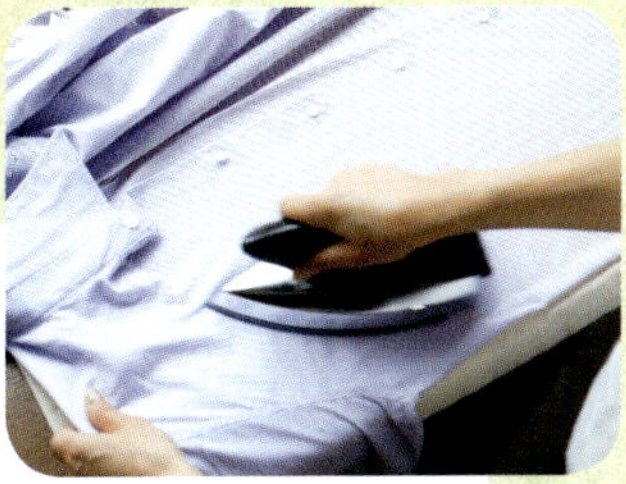

・洗濯
・アイロン
・繕い
・寝具手入れ
・布団干し
・靴磨き
・手芸…

時間を整える井田式ルール

RULE

1

時間の使い方を「見える化」

まずは3日間、朝起きて寝るまで自分が1日をどう過ごしているのか、ありのままを記録してみます。

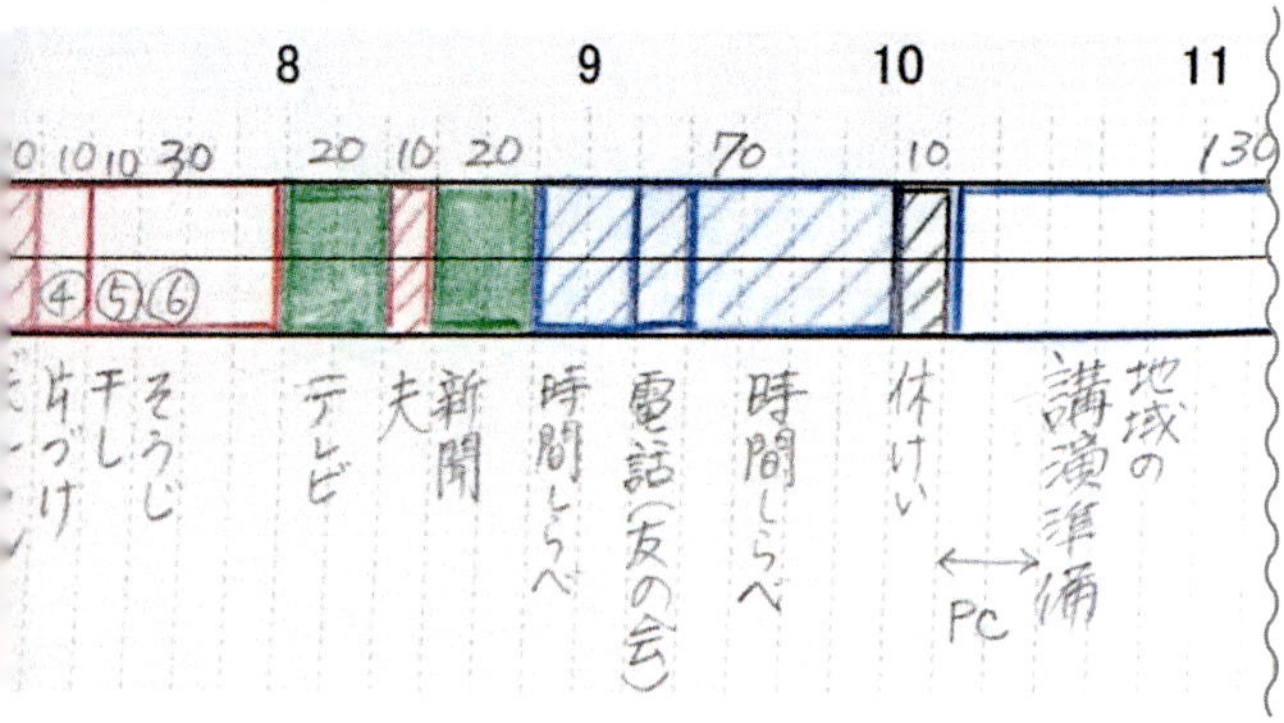

3日間の「時間しらべ」。表がなくても、細かく書き出して、「家事」やそれ以外のことを色鉛筆でぬり分けるだけ。

RULE

2

理想の暮らしを考える

3日間の記録を俯瞰して、詰め込みすぎの時間、ゆったりと楽しい時間を把握しましょう。そして、「本当はどう過ごしたいのか？」を落ち着いて考えます。

RULE
3
家事の分担をする

過密な時間帯を改善できるよう、家族や子どもと話し合います。「高いところの掃除は○○」などふせんに書き出し、誰がどの曜日・時間帯にやるかを貼り出してみるのもおすすめです。

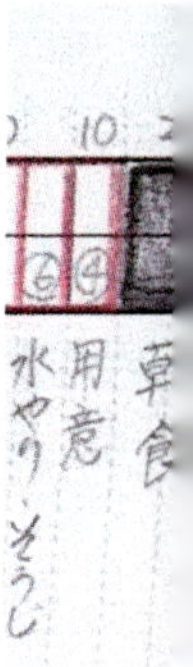

RULE
4
自分の時間割をつくる

起床・朝食・朝家事終了・昼食・夕食・就寝という6つの区切りを決めます。午前中はエネルギーがあるので重要な仕事から取りかかり、夜は頭の中から荷物を降ろして軽くするとよいでしょう。

RULE
5
「時間どろぼう」を退治する

TVやスマホを見ながらの家事は、気を取られる時間が無駄になり長引きます。リモコンは目の届かない場所にしまったり、朝の情報は耳から得るなどの工夫をしましょう。

“ルート”を決めるだけではかどる

朝

起床したらすぐ着替え

パジャマのまま朝の家事をこなす方も多いようですが、私はまず着替えることで体のスイッチがオンに。

6:00

12

6

5分

毎朝やっていることは変わらないのに、なんだかうまくいく日とそうでない日があるのは、家事のルート（動線）が決まっていないだけなのかもしれません。起きたてのボーッとした頭でも、ルートに沿った家事を習慣づければ、無駄なウロウロが減るので後回しもしなくなり、家事がはかどります。

夜寝る前に、翌朝着る服を選んでおき、クローゼットのラックに入れておきます。

6:05

12

6

1分

掛け布団の湿気を逃がす

とくに冬場は、ボアシーツや羽毛カバーに湿気がこもりがち。起きたら掛け布団を広げておきます。

6:10

12

6

5分

まずは洗濯機回し

前日の手拭きタオルは鏡や洗面台の水はねや汚れを拭き上げ、最後のひと仕事をさせてから洗濯機へ。

過剰な洗剤や水を使わないよう、洗濯はいつも節水コースで。

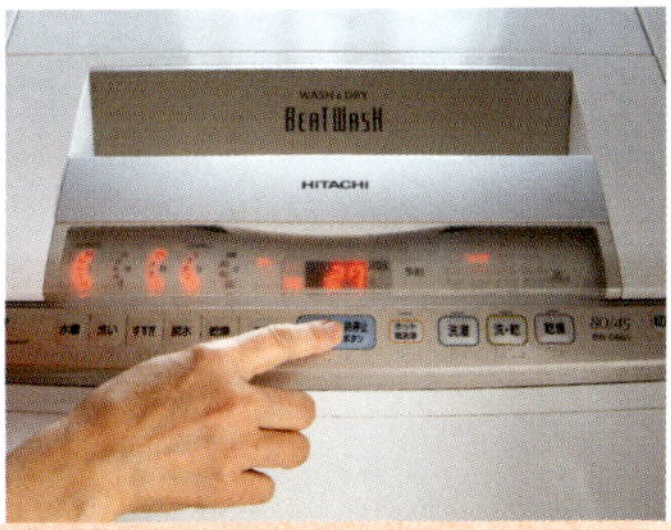

6:15

12

6

15分

夫婦のお昼をまとめて準備する

弁当とランチプレート作り

鍋でご飯を炊いている間に、夫のお弁当おかずを調理。在宅日は私のランチ用に皿に盛り付けておきます。

おかずは冷凍ストックも利用して

ご飯は夜の分もまとめて炊きます

卵焼きを焼いた後の鍋で、野菜や肉に「照りたれ」をからめるだけ。

6:30

15分

英会話を耳で勉強
ラジオを聞きながら朝食作り

朝キッチンに立つときは、いつも決まって出窓に置いているラジオ（時々CD）を流します。

気分に合わせて2種のパン

朝食用のプレーンなパンは、週に一度まとめて焼いて冷凍庫にストック。
▶P56

6:45

15分

夫婦で朝食タイム

ラジオをFMに戻し、横に並んで窓の外を眺めながら朝食を食べます。冬はスープ、夏はスムージーを添えて。

7:00

10分

「洗う」と決めて集中

まとめて後片づけ

「ごちそうさま」の直後に、すぐ洗います。コンロや調理台の上を平らにすることで拭き上げもラクに。

ひと呼吸おいて拭き上げ

弁当を包んだり、水筒の用意をした後に、洗いカゴの食器や鍋を拭き上げます。

仕分けてあると、干すのに迷わない！

7:20

最初の「仕分け」で早くなる

洗濯干しの準備

干し場所別に分けながら、洗濯カゴのふちにそれぞれ広げてかけます。

連結ハンガーも小物干しも、二点支えのフックが好きで、メンテをしながら長年愛用。

7:45

送り出したついでに、玄関掃除や外回りの仕事、水やりなどもまとめて。

夫と孫の見送り

必ず朝は、玄関で出かける家族を見送ってきました。この瞬間は、今でも一番大事にしています。

羽ばたきは静電気が起きません

わが家の掃除の流れ

玄関
↓
外回り
↓
リビング
↓
廊下
↓
寝室

掃除機・ワイパーを1日おきにする

部屋掃除は日替わりメニュー

掃除は、コードレス掃除機でゴミを吸い取る日と、ワイパーで拭き上げる日を1日おきで無理のない習慣に。
▶P60

寝室掃除で掛け布団を戻し、ベッドカバーを掛け直します。

洗いやすい化繊のぞうきんをしっかり挟み込めるフロアワイパーを愛用。

トイレ、お風呂は使ったときについで掃除

わざわざルーティンにしなくても、その場で落とせばラク。汚れてすぐなら、洗剤も不要です。

汚れる前に
サッと
ひとこすり

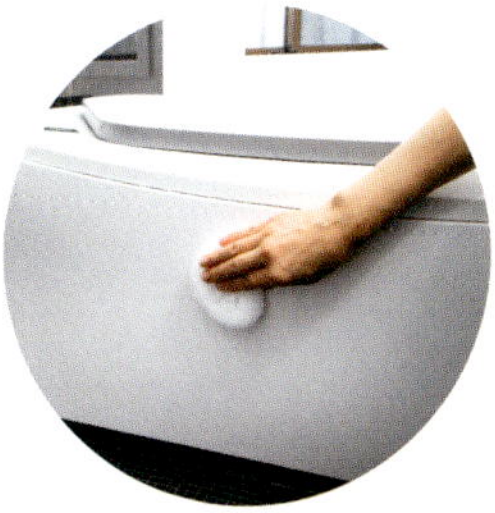

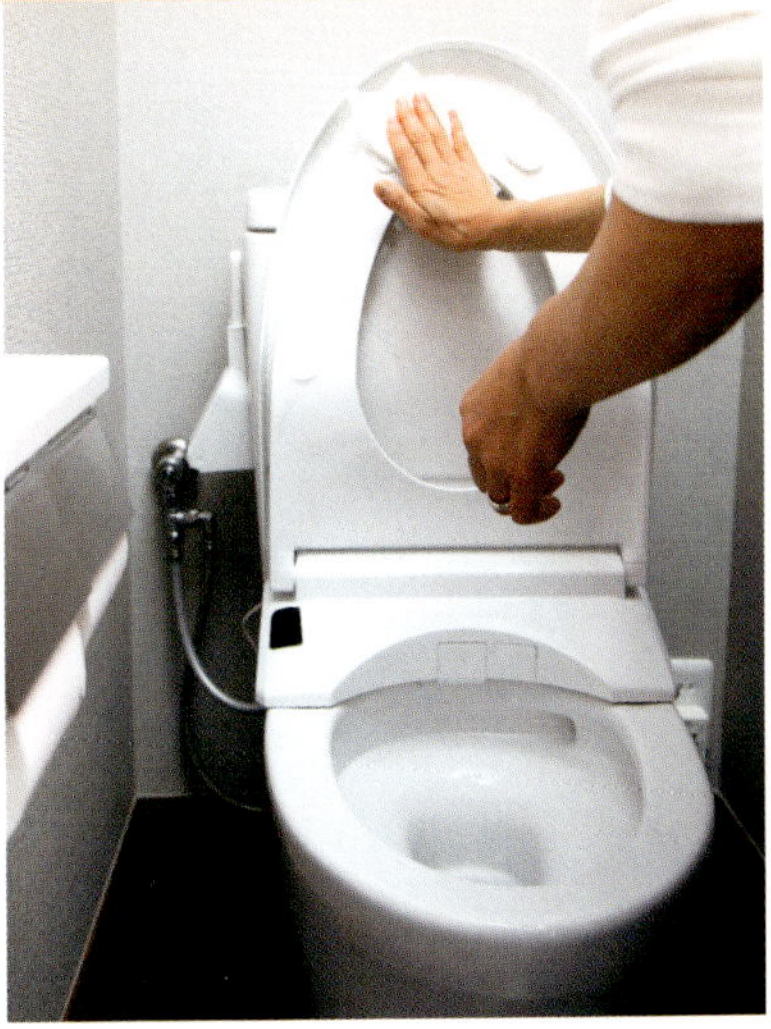

朝家事を終えたら自分時間

コーヒーブレイク

8:30

20分

ひと通り朝の仕事が終わったら、ゴールデンタイム。聖書や新聞を読んで、一息つきます。

10:00

自由な時間を有意義に過ごす

昼

朝の家事を終えた後は、夕方まで仕事や買い物、知人との交流など、自由に組み立てられるからこそ、有意義に過ごしたいものです。午前と午後をゆるゆるとまたがないよう、やはり区切りをつけることが大切。一つひとつにかかる時間を見積もり、曜日や予定を立てておくと、気持ちにメリハリも生まれます。

気が重いことは午前のうちに

大変な仕事や家事など、エネルギーのいることから先取りして始める習慣をつけましょう。どんどん気持ちが軽くなります。

12:00

12
6
20分

朝に用意しておいた
ひとりランチタイム

皿に取り分けておいたワンプレートに、ご飯と冷蔵庫のピクルスなどを足して、夫と同じ昼ごはん。

急な来客は冷凍しておいたケーキでおもてなし

週の後半はなるべくゆとりを

月	火	水	木	金	土	日
仕事	友の会	ボランティア	仕事	仕事	夫と外出	教会、庭仕事

1週間の予定を決めておく

午前に気が重いことを片づけるように、週の前半に大きな予定を入れるようにしています。週末を家族と気持ちよく過ごすために、金曜までにできるだけ仕事を終わらせたいと思っています。

出かける準備もスムーズに

外出や買い物へ

午後の外出や買い物は、いつものセットをカバンに用意して、サッと出かけます。

ジャム作り

にんじんは甘さを活かしてジャムに。見た目も栄養もプラス。梅など、季節ならではの食材も楽しみです。

時間に余裕があるときに家事を「ためておく」

日中に時間が空いたら、先手仕事に励みます。あらかじめ済ませておくことで、家事の効率や過ごす時間の快適さが断然変わってきます。

16:20

10分

とにかくためない
アイロンかけ

夫のYシャツ、私のエプロンなどは、取り込んだらすぐに寝室のテーブルでアイロンをかけ、クローゼットへ。

16:00

10分

しまう場所ごとに
分けてたたむ
洗濯取り込み

クローゼットだけでなく、収納場所に合わせて山分け。大きさをそろえ、一気に戻していきます。

煮洗いでさっぱり

ざるや泡立て器など、目の細かい調理器具は、粉石けんと水を入れたボウルを火にかけて煮洗いします。

朝食のパン焼き

自分で作ったパンは、安くて安心。慣れれば、家事の合間に作れるほど簡単です。

▶P56

1日の"ふた"をする時間

夜

ストックがあればすぐできる

夕食の準備

小さい肉団子のストックを野菜と煮込めば、具だくさんの夕食に。

17:00

15分

副菜は和えるだけ！

洗い物はたまればたまるほど面倒に。お湯を沸かしたり、煮込んでいる間にすぐ手を動かします。

どんな1日だったとしても、まずは乾杯して食卓につけば癒やされます。普段はTVをほとんど見ませんが、野球シーズンだけは応援しているカープの中継に熱く盛り上がります。就寝に向けて、体はどんどんリラックスモードになるので、夕食後はできるだけゆったりと過ごします。

夕食タイム

夫の帰宅のタイミングで、夕食を作り上げます。1日に必要な野菜量も考えて、ポテサラ、きんぴら、お浸しなど、常備菜も加えて。

19:00

19:30

12
6
10分

排水口の拭き取りとふきんの石けん洗いで、臭わない台所になります。
▶P64

気持ちよく1日の幕をおろす

シンクの片づけ

1日の食事作り、洗い物を終えたら、使ったシンクもしっかり洗います。はねた水気も拭き上げるとスッキリ。

19:45

12
6
5分

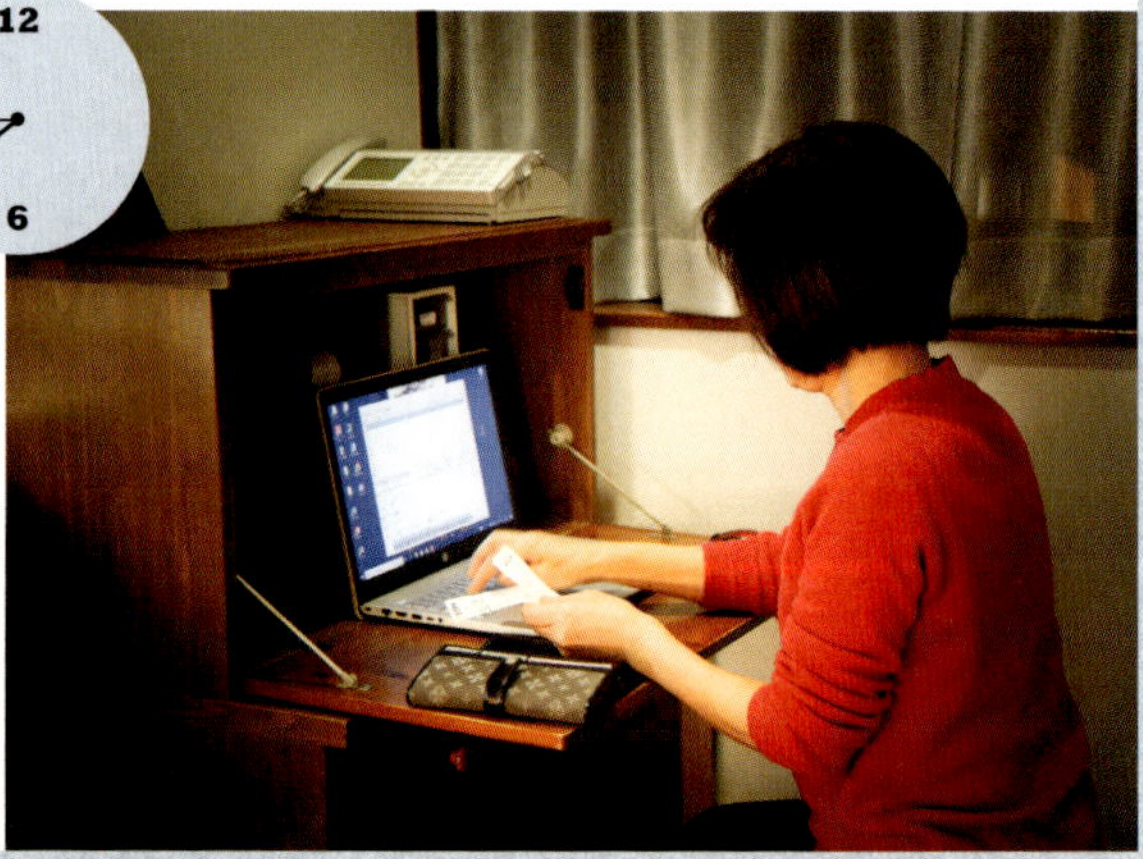

毎日のお金の動きを把握する

PCで家計簿

毎日財布に入ったレシートをPCに入力し、必ずお金を数えます。これで1日の家事を終えることに。▶P100

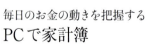

20:00

30分

入浴の時間

入浴後にサッと掃除をして汚れを残さず、リラックスできる空間作りを。

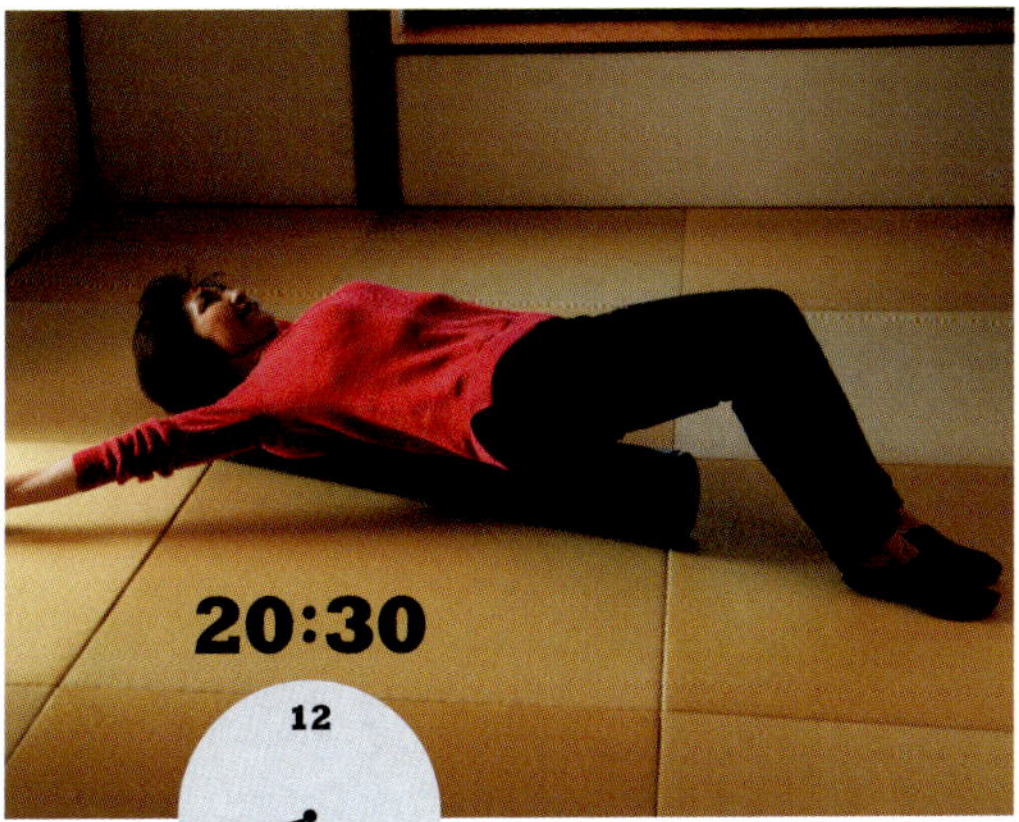

20:30

10分

疲れを翌日に残さない
体のストレッチ

ストレッチポールを使って、体のこりや疲れをリセット。

22:00

就寝

長男のレコードを、寝る前に時々鑑賞。就寝前は「静」を意識して。

「忙しい」と言わない

つい「忙しい」とか「時間がない」とか、口癖のように言ってしまうのはなぜでしょう?

時間という流れの中に、自分のやりたいことがうまく収まらないと、目には見えない「時の列車」に乗り遅れている気にさせるのかもしれません。ですが、それも主観的なものにすぎないのではないでしょうか?

考えてみると、私たちの体はたったひとつ。今、できることはひとつしかないのです。ただ目の前のことにまっすぐ対峙していれば、体も頭もちっとも忙しくない、ということにやっと気づいたのは50代の初めでした。

以前の私は、明日の予定や来月の予定まで心配して、「今」をわざわざ重苦しくして家族や周りの人にしかめっ面の「忙しいオーラ」をふりまいていました。「せかせかしたって何にも変わらないのに」と娘に言われてハッとしました。以来、どんなにスケジュールはいっぱいでも、それは手帳に覚えさせて、私はいつも軽い気持ちでいられるようになりました。

PART

2

ごはん作りのハードルを下げる

台所の時間術

家事時間のうち、半分を占めているのが食事作りに関わる時間です。
三度の食事の買い物から、献立作り、調理、片づけ、ゴミ処理まで、
「食」に関わる家事に休日はありません。食事は家族の健康を支える
大切なものですが、できるだけ負担にならないように
試行錯誤を繰り返し、私なりのパターンを作りました。

35年作り続けてきた家族のごはん

気がつくと、家庭を持ってから35年が過ぎていました。実はそんなに料理が好きなわけでもなく、ただひたすら家族の胃袋を満たしてきただけの日々でした。

ふたりの暮らしから、3人の子どもに恵まれて大量調理をした時代を経て、またふたりの静かな食卓に戻った今、改めてここでたくさんの思い出が刻まれたことを想います。嬉しいときも哀しいときも、楽しいときも辛いときも、作っては食べ、食べては作り続けてきました。ごちそうばかりではなかったけれど、いつの時代も、この手で作った食事が家族の健康と心を支えてきたとしたら十分満足です。

作ることから始まって片づけるまで、近頃は夫も積極的に関わってくれるようになりました。一日の終わりに、こうして一緒に食事を楽しめるのは至福の時間です。

悩まない献立のルール

RULE 1

メインは3つの食材を回す

献立の主菜は豚、鶏、魚を順番にと決めていると、悩みません。▶P48

RULE 2

冷凍ストックで負担軽減

調理したら、半分は冷凍庫にストックしておきます。
▶P44

RULE 3

基本の調味料だけにする

ドレッシングや照りたれなど、配合を決めて作りおきすれば、市販品に頼らなくて済みます。

あとでラクする台所術①

買い物から下ごしらえは一気に済ませる

私の場合、買い物時間は短いほうだと思います。友の会（婦人之友の読者の会）での勉強のおかげで、3日間で何をどのくらい食べたらいいかという目安量を知って「買い物の型紙」ができているので、選ぶときに迷いがなくエネルギーを使いません。

　ですから買い物から帰ったら、座らないでそのまま食材を下ごしらえしてから冷蔵庫に入れる余力も残っているのです。

　もし疲れていたとしたら、野菜を洗っておくだけでも違います。この「先取り仕事」が必ず未来の私を助けてくれるのですから、ちっとも面倒ではないのです。

　毎回食事の支度のたびに、野菜の袋を開けて洗うほうが私にとっては面倒です。洗う、刻む、漬けるまでは、火を使わないので水回りだけでできること。その気になればすぐにできます。後回しは、結局いつか自分に負担をかけてしまうのではないでしょうか。

洗ったときの水は…

とっておいて、無駄なく家庭菜園の水やりに活用。

野菜は袋から出して洗っておく

実物野菜や根菜など、すぐ使える状態でボウルでまとめ洗い。水気を拭いて、冷蔵庫へ。

用途に分けて刻んでおく

長ネギは斜め切りにして冷凍＆長いまま冷蔵保存。小ネギは刻んで、ペーパーをしいた容器に。

肉や魚を漬けておく

主菜の食材は、塩やハーブと一緒にポリ袋で下ごしらえ。時間がおいしくしてくれます。

あとでラクする
台所術②

手間の貯金をしておく

基本的に、冷凍食品は割高なので買いません。一度の手間で2回はラクできると思えば、自家製のホームフリージングは強い味方です。

豆、切り干し大根、干し椎茸、春雨などの乾物は買ってきた日に戻して調理。家で長期保存してわざわざ古くして食べなくても、多めに作って3分の2は冷凍庫に貯金するつもりでストックします。解凍すればすぐに食べられるので忙しい日は本当に助かります。

甘塩鮭も半身で買ってきて、切り分けたら全部焼いてから冷凍しておくと毎回グリルを洗わなくて済みます。鶏ハムや油抜きした油揚げなど、必要なだけをすぐに使える状態で冷凍しておくのも手間の貯金です。

小さく焼いて冷凍ストック

ひき肉や鶏肉は、小さめのおかずにすると、お弁当にも詰めやすく重宝します。

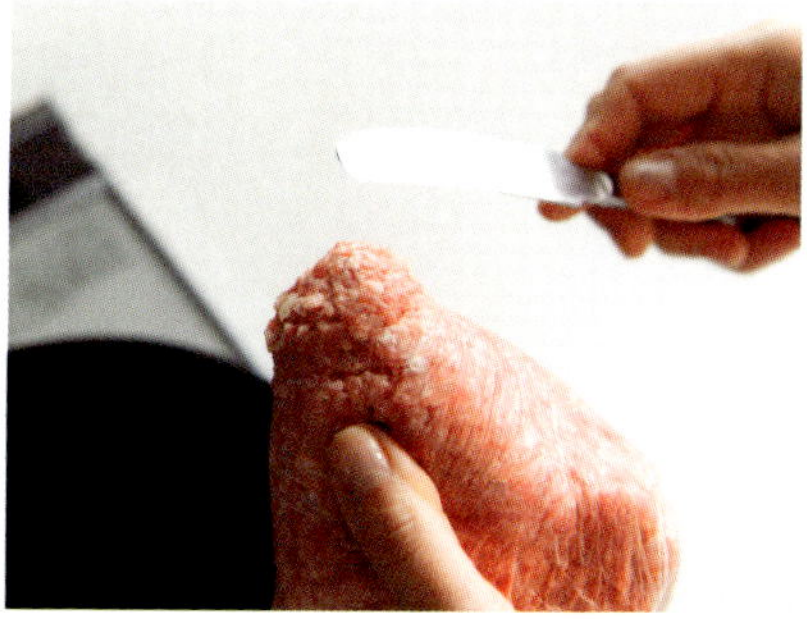

袋に肉だねを入れ、端を切ってナイフでフライパンへ。無駄な洗い物を増やしません。

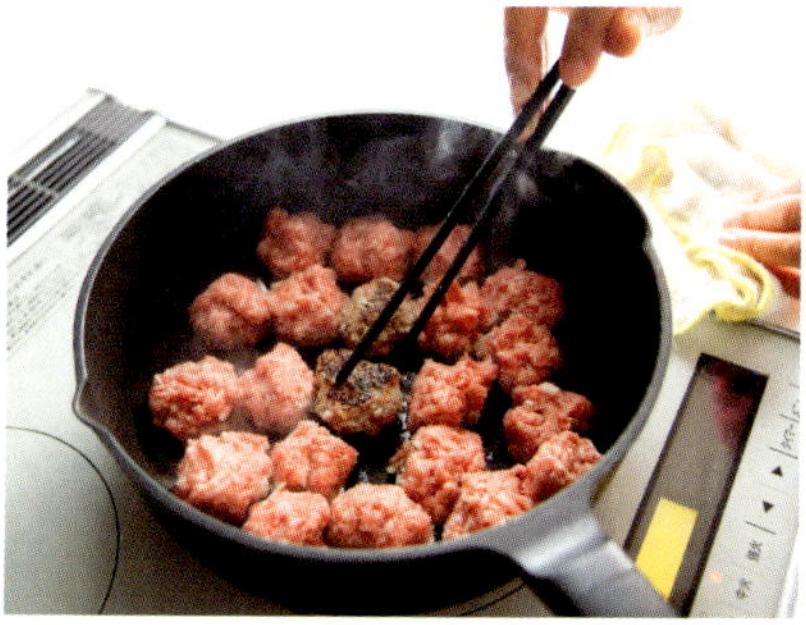

一口大くらいに並べてまとめて焼きます。味付けは応用がきくように塩のみ。

冷めたら、容器に詰めて冷凍。1か月くらいで使いきるようにしています。

複数まとめてゆでておく

ほうれん草やブロッコリーは、いずれゆでて調理することになるので、買ってきたら全部すぐにゆでます。

浅めの鍋ならすぐ沸騰。少ない湯でもふたをして蒸せば、栄養の流出も少なく済みます。

軸と葉の部分で容器を分けて保存。中身がすぐわかるように透明容器に。

残った湯で卵をゆで、翌日の朝食やお弁当に。ふたをすれば少ない湯でもゆでられます。

楽しみな朝食をすぐ作れる工夫

朝は和食が好きな夫、パンが食べたい私や子どもたち。長年気を遣っていましたが、あるときから和洋を交互にしたら迷いもなくサッと準備できるようになりました。毎朝お弁当を作った後の15分で作るために、和洋のパターンを決めるとさらにスムーズに。

洋食は、冷凍庫にストックしたパンと鶏ハムを解凍し、冷蔵庫に常備しているピクルスやトマトなどでサンドもできるように。数種類の野菜を刻んで蒸し煮しておけばオムレツにもスープにもなります。自家製ヨーグルトにリンゴのコンポートやナッツのはちみつ漬けを添えて。

和食はご飯、納豆、いりこだしの味噌汁、小魚、漬物、果物というパターンです。

工夫2

見栄えもよくなる余り野菜ピクルス

1kg分の野菜をまとめて作りおき。朝食のほか、野菜が足りないときにも重宝します。

工夫1

和食と洋食を1日おきに

このルールが習慣になってから、迷わず朝の台所に立てるように。

工夫3

手作りパンを冷凍しておく

洋食の朝ごはんに。作るのに慣れてしまうと、食パンを買うよりも気持ちがラクです。

工夫4

作りおきでヨーグルトにトッピング

空き瓶にはちみつとナッツを入れるだけ。簡単にできるのに、小さな贅沢を味わえます。

工夫5

夏はスムージー、冬はスープで体をいたわる

夏の暑さ、冬の寒さを和らげる一品。材料をストックしておけば、朝でもサッと出せます。

夕飯は豚・鶏・魚で回すだけ

スーパーで買い物しながら「今日なに食べたい?」と子どもに尋ねておきながら「カレー」と言われると「こないだ食べたばっかりでしょ」と言ってしまう親をよく見かけます。「なんでもいいよ」という夫の優しさも献立の悩みを解決してくれません。何を作るかを「決める」までが大変なのですから。

私の考えなくて済むパターンが「豚・鶏・魚」のルーティーン。スーパーではまず肉魚コーナーに直行して、その日の目玉から3種を選び「肉団子・チキンカツ・イワシ蒲焼き」のように主菜を決めてしまいます。必要な野菜はその後で回れば、買い忘れも二度回りもなくスムーズです。大体3日分を決めておき、カレンダーにメモしておくだけでも、頭は献立から解放されるので軽くなります。「晩ごはん何にする?」問題は毎日のことだけに結構大きいのではないでしょうか。

井田家の1週間献立

月
豚
ひと口カツ

揚げ物はめったにしないけれど、ヒレカツはお弁当にも使いやすく便利。

火
鶏
鶏のさっぱり煮

酢を使った骨つき鶏の煮物は肉が食べやすく、ボリューミーでもさっぱり。

水
魚
イワシの蒲焼き

手開きにして素焼きにしておき、照りたれをからめるだけ。

木
豚
豚ロースポトフ

食べやすく切った塩豚をいもや野菜と煮て、余熱できる鍋帽子をかぶせます。

金
鶏
チキンカレー

ピクルスに使ったセロリの葉を冷凍しておき、カレーに入れると最高。

土
魚
ぶり大根

実は夫婦とも切り身より、ショウガを入れて煮たあら炊きが大好き。

日
豚
豚のキムチチゲ鍋

冷蔵庫の整理も兼ねて、週末は夫が用意してくれる鍋や鉄板焼きを。

献立決め～調理、片づけまで快適に無駄なく

夕飯準備はこんな流れです

メインだけは食材のルーティン（▶P48）で決まっているので、
副菜を考えればあとは流れるように完成。

ある日の夕飯献立

メイン ミートボールのトマト煮　**副菜①** ほうれん草のなめたけ和え　**副菜②** 野菜とツナのポテサラ

献立決め

主菜は決まっているので、冷蔵庫にある野菜で副菜決め。

使う食材やストックなどは、一度台所に出して並べます。

材料切り

煮込みに入れる野菜は、流れるようにまとめ切り。

切ったときに出た野菜クズはバットに取っておきます。

丸ごと使えなかった野菜は、冷蔵庫の残りコーナーへ戻して。

洗い物

まな板や包丁など、こまめに洗って台の上をリセット。

メイン

主菜は煮込み時間がかかるので最初に着手。野菜を一気に投入。

常備しているローリエを思い出し、コンロの後ろからサッと。

冷凍ストックしておいたミートボールを入れてトマト煮込み。

副菜①

その間にゆでておいたほうれん草に、なめたけを和えます。

副菜②

ピクルスを刻んで、具だくさんのポテトサラダの準備。

さらにツナ缶もプラス。油をきって、さっぱり仕上げます。

ゆでてマッシュしたじゃがいもに、鍋の中でツナ、ピクルスを和えるだけ。

ポテトサラダは、食べるまで鍋ごと冷蔵庫へ。

準備終了

鍋とタッパーをまとめ、あとは皿に盛るだけの状態に。

後片付け

残しておいた野菜クズをコンポストに入れて肥料にします。

最後にまとめて洗い物をパパッと片づけます。

仕上げ

夫が帰宅したら、主菜を温め直し、ブロッコリーを入れます。

和えもののごまは、食べるときに挽きたてを。

配膳

一日に感謝をしつつ、それぞれ好きなお酒も準備。

食卓に並べて、ここまで所要時間は20分！　いただきます。

やる気にさせてくれる調理道具で楽しく！

基本的にステンレスの道具が大好きですが、取っ手付き計量カップは一生添い遂げたいほどの相棒です。夫が独身時代から使っていた代物ですが、取っ手が持ちやすく、計量以外に卵や片栗粉を溶いたり。これでちょっとお水を飲んだりもします。

シリコンの菜箸も、熱に強くて焦げないし折れないしカビません。調理器具は次々と便利なものが開発されていますが、やはり実際に使ってみないとわからないことが多いですね。

第一に手に馴染むかどうか。どんなにデザインが良くても重さや形状が手に余るようではお蔵入りです。第二にサイズ感。広い売り場では普通に見えても、自宅のキッチンでは引き出しに入らないことも。第三に洗いやすさ。分解と組み立ての複雑なものほど面倒になります。コンパクトで軽く丈夫なモノを長く使いたいですね。

あの「イライラ」をなくす道具

大根おろし器

大根おろしがいつでも作りたくなる
せっかちな私もびっくりのスピードでおろしたら、そのまま水きりも可能。

ツナ缶油きり

むしろマッシャーとして大活躍
マッシュポテトやゆで卵のみじんが、一瞬でできる快感がやみつきに！

うろこ取り

魚料理がもっと身近に
うろこが飛び散らないケース付き。魚の1匹買いを後押ししてくれます。

砥石

切れないストレスを引っ張らない
新婚時代から常備。包丁砥ぎは、切れ味を復活させてくれる楽しい儀式。

卓上天ぷら器

揚げ物が楽しくなる
来客のもてなしにラクちんで、ハズレなしの助っ人。これは2代目。

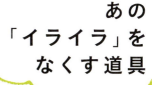

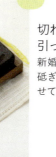

ふだん使いも来客用もフル回転

引き戸式の食器棚はコンセント内蔵で、電子レンジやミキサーなどの家電もほこりが付きにくいのが気に入っています。

食器はここにすべて入っているので、塗りのお椀もお正月だけでなく、来客用の汁椀としてもふだん使いに。左の上から家族のカップ、来客セット、洋食器、和食器、大皿の順に分けていますが、色柄が少なく同じ形で積んであるので、家族の誰でも迷いなく出し入れできます。

新婚時代からのティーカップや小皿など、丈夫で割れにくいものばかりでなかなかリニューアルできませんが、飽きのこないオフホワイト中心です。近頃ようやくペアで楽しめるようになった食器もあります。旅先の福島で買

出番が多いモノは取りやすく

毎日使う食器はこれだけ

おわん…２個
ガラス小皿…２個
大皿…３種６枚
小鉢…２種４枚
小皿…３種６枚
マグカップ…２個
カップ…２個
木製プレート…２枚
スプーン…３種６本
フォーク…２本
箸…２膳

った会津塗りの汁椀は軽くて最高の口当たり。ブルーのマグカップはスウェーデンの思い出。二重ガラスのゴブレットはオムコさんからのプレゼント。

大好きな食器は毎日を豊かにしてくれるのですね。大皿だけは色柄付きで、大人数でテーブルを囲むときを華やかに盛り上げてくれます。

週に一度は、パンを焼く

実家の母は大きなバタールを焼くのが得意でした。主婦になった私もあの焼きたての香りが忘れられなくて、独学で手ごねのパンを焼き始めました。1年続いたところで夫が「パンこね機（ニーダー）買ったら？」と言ってくれたときは本当に嬉しかったのを覚えています。

それ以来ずっとパンは手作り。子どもたちが食べ盛りのときはひと月に8キロの粉で週3回は焼いていましたが、今は週1回で済みます。普段はプレーンな丸パンと、塩味のバタールの2種類ですが、孫の誕生日などに似顔絵パンを焼いてお祝いするのも楽しみです。

わが家の作りおき丸パン

家事の合間にときどき様子を見て手を加えるだけ。つきっきりになる必要はありません。

材料（丸パン20個分）

強力粉…500g

砂糖…大さじ2

塩…小さじ1

ドライイースト…大さじ1

バター…30g

水…300g

作り方

1 水以外の材料をボウル（またはこね機）に入れる。

2 温度や湿度に合わせ、水加減を調整しながら加える。

3 なめらかにまとまったら2倍になるまでふたをして発酵させる。ガス抜きして分割する。

4 手のひらでやさしく丸める。

5 天板に間隔を空けて並べ、成形発酵させる。

6 ハサミで切り込みを入れ、180〜200℃のオーブンで15〜20分焼く。冷めてから冷凍。

手前〝味噌〟ですが……

これぱっかりはやめられない味噌作り。年に一度、仕込んでおけば一年後からおいしい味噌が食べられます。新婚時代に町田友の会で教わってから毎年かめに仕込んできました。

作り方は意外に簡単です。麹1升（1・3kg）とあら塩500gをほぐしながら混ぜたところに、大豆1升（1・4kg）を柔らかくゆでてマッシュ（ミンサーやスピードカッターが便利）したものを混ぜ込みます。空気を抜きながら寸胴かめに詰めていき、ラップの上から厚めに塩をしきつめて終わり。床下など、涼しい場所で寝かせます。

真冬に仕込んで、暑い夏が過ぎて晩秋から食べられます。表面がカビてもそっと削り取れば大丈夫。開けた時の味噌の香りは格別です。すべて手作りが最高だとは思いませんが、子どもたちが小さい頃から一緒に大豆をミンサーにかけたり、味噌玉をかめに投げ込んだりしたのは幸せな記憶です。これからは孫と楽しもうかな……。

手作りなら、塩分量の調整可能。麹を替えれば、いろいろな味わいも楽しめます。

PART

3

少ない手間でスッキリをキープ

掃除と洗濯の時間術

掃除と洗濯は、住まいを気持ちよく回すために欠かせない家事。
汚れをためないように、整った暮らしを目指したいものです。
家の中がすっきりとすれば、自然と心も晴れやかに。
住まいも自分も整える時間を考えてみませんか。

1日のスタートは、家と体のメンテナンス

以前はとにかく掃除がキライでした。ごはん作りが最優先で、掃除は後回し。来客のたびにあわてて雑巾がけをする始末……。「片づけるのは好きなんですけど」とぼやいたときに「あら、掃除のために片づけがあるのよ」と言われたことが忘れられません。ゴールは片づけのもっと先にあったのでした。

まず床やテーブルなど平らに戻したら、一番元気なうちに体を動かして掃除することで、家も自分もメンテナンスできると思えば、前向きになるから不思議です。そして、「吸い取る日」と「拭き取る日」というパターンを交互にすれば、汚れをためません。小さい孫が這いずり回っても安心、「そこそこキレイ」をキープできれば来客時もあわてずに済みます。

朝の30分だけは掃除に集中

玄関&外回り
夫の見送りのついでに、ほうきで掃き出し。冬は、家の前の落ち葉をバケツに入れるまでを。

羽ばたき
静電気を起こさない羽ばたきで、家電や家具の上をはたいてほこりを払います。

苦手だから決めた掃除ルール

RULE 1 まずは「平ら」に戻す

RULE 2 「吸い取る日」と「拭き取る日」を1日おきに

RULE 3 使ったときの「ついで掃除」を心がける

リビング
スキマブラシでかき出したゴミを、掃除機ですぐ吸い取ります。

和室
「吸い取る日」だけ、押し入れを開けて掃除機をかけます。敷居の隅は、とくに丁寧に。

廊下、洗面所、寝室
コードレスなので、吸い取りながら移動。クローゼットの床は奥までしっかりと。

水回りは使った後に「ついで掃除」

一日に何度も使う洗面所やトイレは、掃除したと思ったらまた汚されて……家事のやる気がなくなるもとですね。でも汚れるのは当たり前、と割りきって、気がついたらその場でこすります。こびりつかないうちならほとんど洗剤も要りません。家族にも「汚れたらこれでこすってね」と一声かけておくとなおよいことです。

肝心なのは、すぐそばに道具があること。網たわしやブラシ、スクイジーなど、白なら視界も汚しません。小さなフックをつけてもいいのですが、水抜栓などをフック代わりに活用すれば水キレもよく便利です。

さらに大切なのは、普段から水回りに余計なモノを置かないことです。ちょっとした小物や洗剤のポンプがたくさん並んでいると、もれなく掃除の邪魔になります。動かさないと拭けないからです。本当に必要なモノだけにすると、掃除のハードルも下がります。

洗面所

気づいたら30秒

普段はタオルで拭き上げるだけですが、歯磨き粉の最後を網たわしにつけて蛇口をこすると、傷もつけずピカピカに。

トイレ

1日に1分

流せるシート1枚で、ペーパーホルダーから便座回りまで拭き上げて流します。手拭きタオルは替えながら、水はねをサッと拭きます。

お風呂のカビ予防に必須！

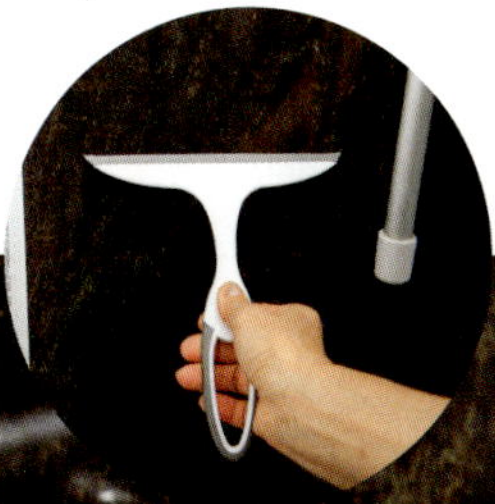

お風呂

毎晩2分

最後に入った人は、壁にスクイジーをかけて蛇口や床をさっとこすります。浴槽の溝も忘れないように。翌朝にはしっかり乾いてカビ知らず。

よどまない&臭わない
台所掃除のヒント

台所は毎日使うだけに、後始末が肝心です。もともと「汚れ」というものはないのです。初めは、食品や油や調味料がただ「ついた」だけ。「汚れ」になる前に、すばやく先手を打つ習慣をつけましょう。

シンク排水口は入念に水気を拭き上げる

毎食後、排水口の受け皿のゴミはチラシに包んで捨てます。夜は捨て布(▶P69)で排水口も拭き上げておくと臭いません。

水切りカゴは足まで洗う

食器をしまったら、水きりカゴの交差している部分を裏からもブラシでこすっておきます。水気の拭き上げも忘れずに。

傷つきやすいIH台はラップを丸めてタワシ代わりに

ガラストップをスチールたわしでこすると傷になるので、重曹をまいてラップでそっとこすります。重曹の拭き取りを忘れずに。

ふきん類は熱湯をかける

最後に、網たわしと台ふきんを石けんで洗って熱湯をかければ、ベタベタしません。

洗剤は、汚れの質に合わせて使う

セスキ

しつこい油汚れ、網戸掃除に

コンロ周りの油汚れに強い。枕カバーや夏のスリッパのつけ置き洗いにも効果的です。

重曹

日常の拭き掃除に

冷蔵庫の取っ手や電子レンジ、食器棚の扉など手が触れるところに。おもちゃにも安心。

酸素系漂白剤（OXI）

水筒の洗浄に

臭いが気にならないので、複雑な形状の水筒などの漂白に。洗濯機のカビ予防も。

キッチンに常備しているのは、重曹・セスキ・エタノール・粉石けん・酸素系漂白剤・クレンザー。6つのアイテムです。

皮脂汚れのような軽いものから、油汚れ、茶渋など、その性質に合わせて〝やりすぎ〟にならないよう使い分けています。重曹・セスキのスプレーは水のラインにシールを貼っておくと、希釈のたびに計量しなくて済みます。

使い古しのTシャツやふきんなどを手のひらサイズに切っておくと、捨て布として活躍します。そばに布切りハサミがあると、いつでもカットできて便利です。

消毒用エタノール

食中毒予防に
冷蔵庫の中を拭き上げたり、まな板の消毒など、食中毒の予防に。

粉石けん

調理道具の煮洗いに
ふきんや調理器具の煮洗いに最適。ざるの目の細かな汚れも気持ちよく落ちます。

クレンザー

鍋磨きに必須
無性に鍋を磨きたくなるときの味方。シンクなどは傷つけることもあるので気をつけて。

ふきんは3種を使い倒す

ふきんは「付菌」と言われるほど、ずっと清潔に管理するのは難しいのだそうです。だからといって、毎日の掃除をすべて使い捨てのシートにするのは、ゴミを増やしてしまうので抵抗があります。

布ふきんの手触りが大好きで、食器ふきはほとんど苦になりません。そのほか台ふきと、コンロ周りの油ふきも使い分けています。1種のふきんをだんだん降ろしていってもいいのですが、レーヨン・木綿・化繊と、それぞれに適した素材があるので、使い分けがおすすめ。過剰なストックは必要ないので、それぞれ2～3枚もあれば十分だと思います。毎日石けんで洗って干してを繰り返して、破れるまで使っています。

麻やレーヨン混紡ならけば立たず、使いやすくて重宝しています。

しっかり吸水できる、重ねふきんを愛用しています。

マイクロファイバーはふき取りやすいけれど、繊維に絡まないうちに汚れを落とすことが大事。

わたしの“捨て布”活用法

着古したTシャツやソックス、タオルなどを10×20㎝くらいのサイズにカットしておくと、心置きなく汚れを拭き取って捨てられます。サッと取り出せるようキッチンと洗面所に準備しています。

「洗濯」はしまうまでの流れが大切

洗濯機は二槽式↓全自動↓ドラム式と変遷を経て、ここ10年はおさがりの全自動を使っています。それぞれ長所はありますが、洗濯機任せでなく、汚れに応じて下洗いをすることで洗剤や水の使用量を抑えてきました。新婚時代の厳しい家計が、消耗品の使いすぎにブレーキをかける習慣をつけてくれたのはありがたい

排水は海につながっているのですから、洗剤は最低限、柔軟剤は使いません。

空になった洗濯カゴは、気持ちまで解放してくれます。

ことです。

洗濯の4段階の中では「干す」作業が一番好きです。どこにどう干したら乾きやすいか、洗濯物が喜ぶかを考えながら手を動かすとあっという間。

午後、在宅していれば早めに乾いた洗濯物を取り込み、すぐにその場でたたみます。

以前、教室に来ていた子どもの帽子にいつも伸びたゴムがぶら下がっていて気にしていたのが忘れられません。たたむときには、ちょっとした不具合を見逃さない目を持つようにしています。

しまうときは、タオルや下着は順繰りに使えるよう一方方向から戻します。最後にYシャツにアイロンをかけるまで一気にやってしまえば終了です。

5分

たたむ

5分

しまう

バスタオル、下着類は洗面所の下にしまうように、使う場所の収納を心がけています。

靴下のつま先、かかとが擦り切れていないか、ほころびがないかもチェック。

洗濯前の一手間が、仕上がりを左右する

ポケットのゴミをかき出す

Yシャツやエプロンのポケットを裏返して、縫い目に沿って歯ブラシをかけるとほこりや糸くずがポロポロ取れます。子ども服のポケットは、とくに要チェックです。

下洗いのセットを用意!

100歳目前まで長生きした祖父は軍人気質で、晩年まで自分の下着や手ぬぐいを手洗いしていました。私たちが洗濯機に何でも放り込むのを見て、「味噌もくそも一緒に洗うんか」と嫌っていたのを思い出します。今の全自動洗濯機はかしこくて便利ですが、何もかも一緒に放り込んで洗った気分になっていないでしょうか。洗濯はツボを押さえないと、ただ濡らして乾かしているだけかもしれません。

だからといって、もう手洗いの時代には戻れません。人の目でしっかり見て「大きな汚れ」を取り除くだけでいいのです。子どもが野球をしていた時代は、お風呂の隅にユニフォームのつ

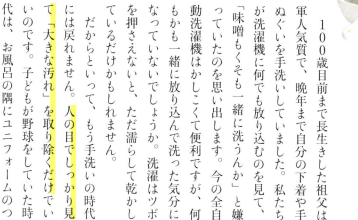

洗濯ネットはひとり1袋

小さな子どものいる家庭は、人別に大きめのネットに分けて洗濯。流れがスムーズに。

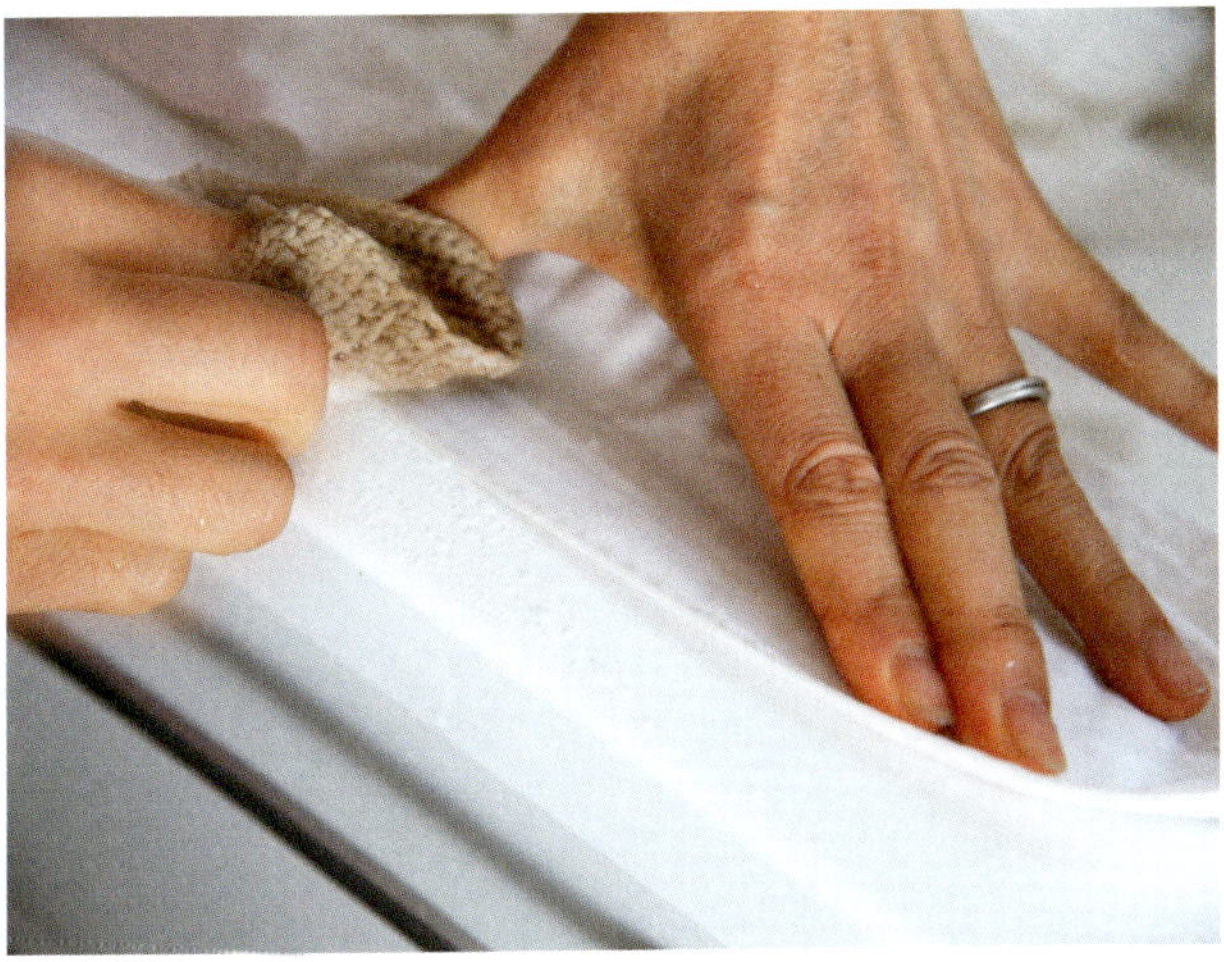

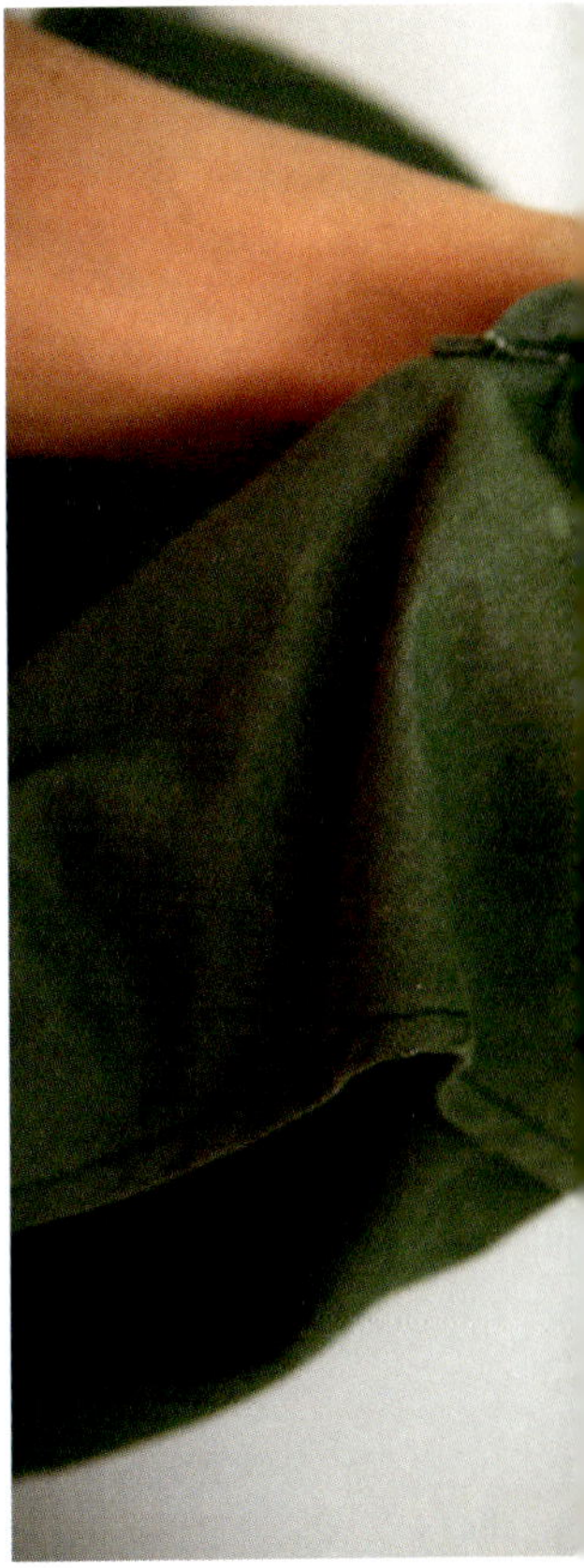

えりそでをこすり洗い

ストッキングで細編みにしたたわしを20年以上愛用。えりを濡らして石けんをつけてこするだけで落ちます。

靴下は必ず下洗い

一日はいた靴下は、汗や皮脂を含んでいるのでにおいのもとに。汚れが目立たないビジネスソックスは、とくに注意。

け置きケースを置き、泥汚れをゴシゴシやってから洗濯機に入れたものです。

ふだんの洗濯もポケット、えり、靴下汚れの3つを退治するだけで、仕上がりが違ってきます。心までスッキリする小さな習慣を始めてみませんか？

Yシャツ1枚3分のアイロンかけ

面倒家事No.1と言えば、アイロンかけ。以前は1週間分のYシャツをどっさりとカゴにためて、日曜の夜にうんざりしながら延々とアイロンかけ……というパターンでした。しかし、カゴに積み重ねることでますます生地にシワがつくことがわかってから、思いきってこの習慣をやめました。今は、洗濯物を取り込んですぐにアイロンかけまでやってしまいます。

糊付けの必要もない形状記憶タイプのYシャツと小物程度なら、それほど経験がなくても5分もかかりません。今では気づけば30年以上の経験で、Yシャツ1枚当たり3分がひとつの目安になりました。

使っているアイロンは、ずっとスチームなしの軽いドライアイロン。機能がいろいろあるよりも、とにかく熱くなる立ち上がりが早く、細かい部位など小回りが利くので、2台目を愛用するまでに。アイロンが億劫《おっくう》でなくなったおかげで、Yシャツのクリーニング代はかかりません。

まずは1枚5分が目標！

井田式！アイロンの流れとポイント

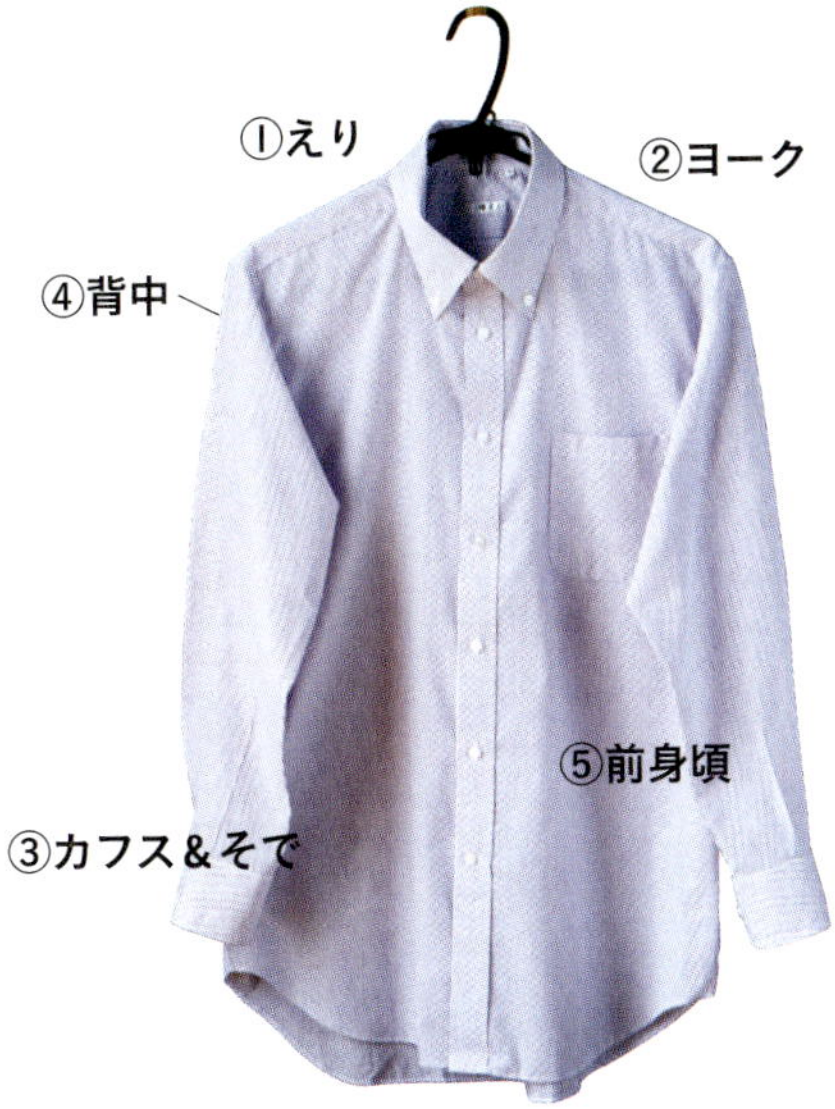

＊数字の順番で、アイロンかけをします。

Yシャツのアイロンかけ

1
左右のえり先から内側に寄せるようにかけて表は軽く押さえる。

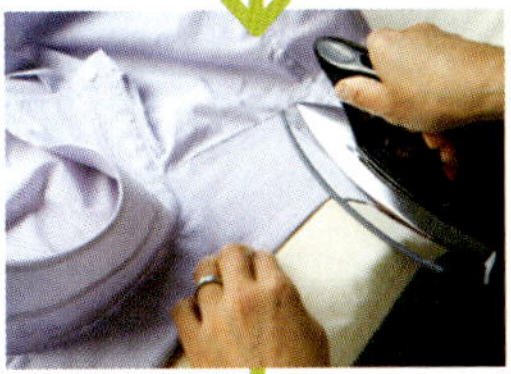

2
両肩をつまんで、ヨークのラインを下に重ねてかける。

3
カフスの裏と表、そで山をかけたら、開きを合わせる。

4
タックを、しっかり根元から押さえるようにかける。

5
身頃の内側から背中をかける。タックは下から上へ。

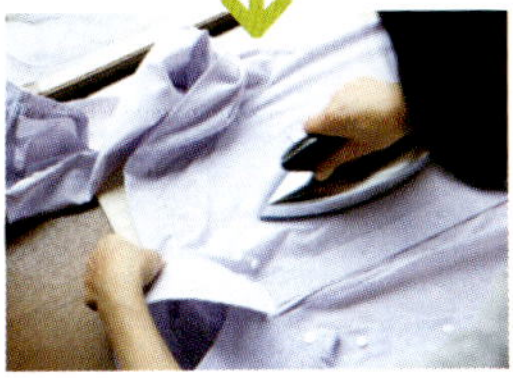

6
前身頃を重ねてえりを立ててから、胸元の仕上げ。

純毛のアイロン台

ウール毛布を帆布でカバーしたもの。どこでも広げられます。

最後は余熱で

早めにコードを抜いても、残り1分は小物をかけられます。

イスにかけて冷ます

冷めるときにシワになりやすいので、立体をキープして冷まします。

年末の換気扇掃除、土日のランチ作りやめました

大掃除と言えば換気扇、寒くて油汚れが固まっている時期なのに、毎年やらなくちゃと思い込んでいましたが、数年前から換気扇は海の日（7月第3月曜）にやることに変更しています。それからというものの、夏休み中、さっぱりとした気分で過ごせるようになりました。普段の小掃除を習慣にして、大掃除そのものも1日だけに。家族で窓や外回りをきれいにしたら映画を楽しむ時間が生まれます。

また、週末のランチも私は作りません。子どもたちが小さい頃から週末は「パパランチ」を頼んでいましたが、ふたりになった今も、私は口出ししないで土日のランチを夫に任せることにしています。簡素でも、据え膳でいただく食事は格別です。そばうち、山歩きのおにぎり、燻製、漬け物……。研究熱心な夫の得意分野が広がるのは、とても嬉しい限りです。

この日のランチは、冷蔵庫の残り野菜をたっぷり加えた味噌ラーメン。

PART

4

暮らしを複雑にしない

モノと片づけの時間術

片づけでもっとも大切なのは、モノを減らすことより、
「まず枠を決める」ということです。枠に入るモノで暮らすことが
習慣になれば、必要のないモノを家に迎え入れなくなります。
そして執着から解放されれば、より豊かな時間を過ごせるように。

家と心がざわつく「買いおき」をやめる

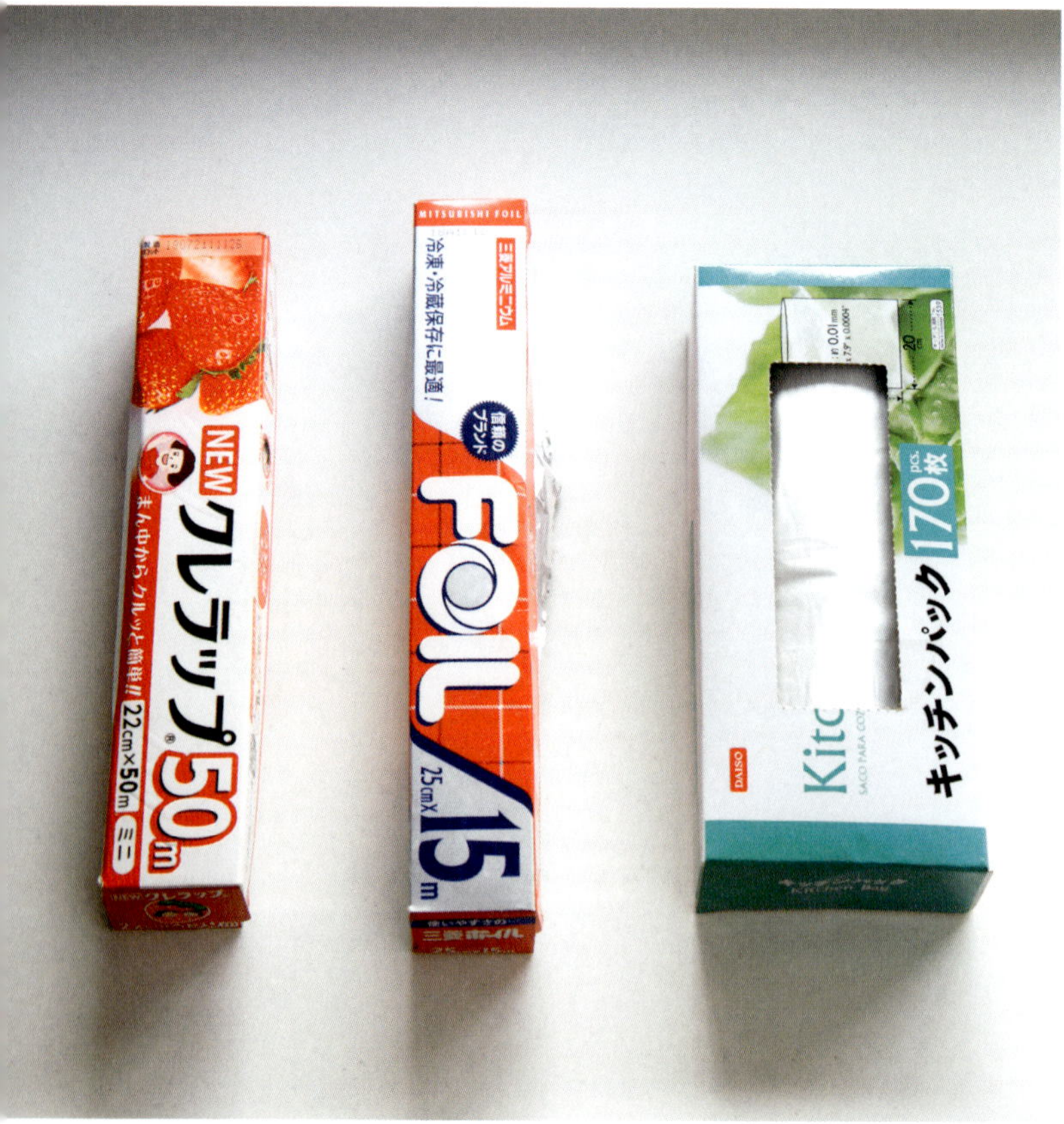

わが家の生活必需品とは何でしょう。たくさんの情報やCMに踊らされ、うっかりすると店頭のお買い得商品を片っ端からカゴに入れていく羽目になります。今や「必要」だから買うのでなく「安い」から買うことで満足感を得る時代。こうして、消耗品の過剰なストックを抱える家庭が増えているのは事実です。

キッチンに収まりきらない包装材、トイレに収まらないペーパー、洗面所に収まらないシャンプーや洗剤など、いつから別の部屋を倉庫にしてまで保管しなくてはならなくなったのでしょうか。大量の在庫を把握するエネルギーとそのスペース費用を考えると、ちっとも安くはない気がします。

**出番の
少ない食材、
米は「入るだけ」**

15㎝幅の三段収納ラックに製菓材料、乾物、お米を収納。かさばる乾物は買ってすぐ調理します。

**野菜は週1で
全部使いきる**

週末の野菜室はこの通り。底まで拭き上げて、在庫確認してから買い物に行くように。

**残りがひと目で
わかるしくみ**

インスタントコーヒーの空きビンは、ワンタッチで開け閉めできる優れもの。

私の場合は、外出先のセールで買ってきたら家にまだ在庫があった場合、最も気持ちがへこみます。そこで消耗品は一切ストックをやめて、ラップもホイルも現在使用中の1本のみ。「なくなって、指定席が空いたら携帯にメモする」パターンに変えました。どんな赤札もスルーできるのは、実に爽快です。

醤油・みりん・酒・酢の基本調味料も、完全に使いきってから買いに行きます。

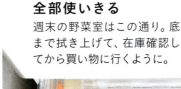

「使う」場所が、「しまう」場所

「何を、どこに置くか?」

これさえ決まれば散らからないほど、モノの置き場は暮らしの要だと思います。ですが、「一度置いたら最後」とも言えます。なかなか見直すチャンスがありません。そんなときは逆に、どこで何をしたいかをキーワードに、自分の行動を思い出しながらきちんと考えます。

たとえば私の場合、食卓で事務的な仕事をこなすので、一番近い引き出しのある食器棚をずっと書庫にしてきました。食器棚は食器だけという固定概念に縛られないで、本当に使うモノを「近く」に置くこと。これを徹底することで出し入れが最短コースになり、面倒ではなくなります。さらに、モノを片づけやすくなるメリットまであるのです。

アクセサリーやカバンもクローゼット、という思い込みをやめて、出し入れしやすい置き場所にすれば動線もスムーズになります。探し物に時間を取られなくて済みます。

寝室ではなく…

アクセサリー

洗面台の棚

化粧の後、身支度を整える洗面台にアクセサリーを収納。帰宅後、すぐに外せる場所でもあります。

クローゼットではなく…

かばん

リビングの戸棚

外出前と帰宅後の動線にかなったここが、私の荷物置き場。リビングの一角なので、家族のアルバム写真も。

書類専用棚はつくらず…

書類

台所の食器棚下

数歩歩くだけで、食卓のテーブルに置いて作業・整理ができ、ジャンル別のフォルダーに戻すのもラク。

引き出しは、開けた瞬間わかるようにする

専業主婦だった頃、「アレどこだっけ？」といつも家族に聞かれるのに閉口して、誰でもわかるしまい方を目指すようになりました。

引き出し収納のポイントは……

①本当に使うレギュラーだけに絞り、種類別に仕切ってグループ化

②上からひと目でわかるよう明記

③適度なゆとりをもつ

出し入れを繰り返すわけですから、この3つを守ることが大切です。

棚の中の仕切りは、すでにあるモノで何とかなるものです。まず家の中の空き箱、空き缶、牛乳パックで工夫してみませんか？

1秒で取り出せる！

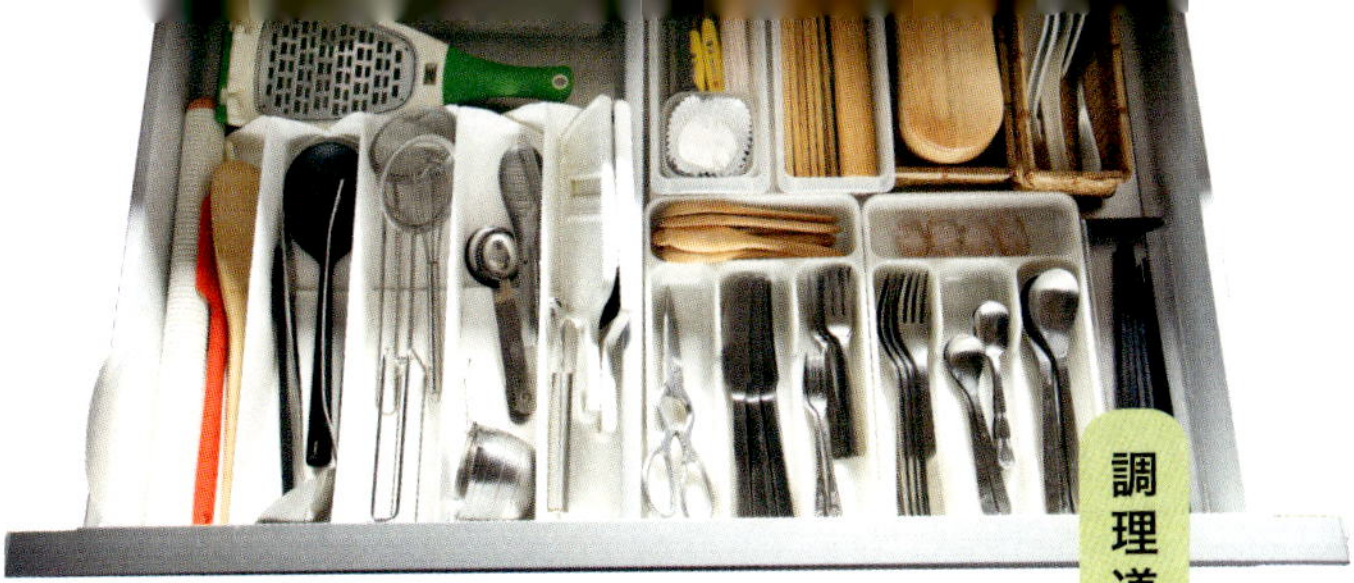

調理道具&カトラリー

用途の区分けで迷わない

調理の手順に沿って、下ごしらえ、量る、混ぜる、盛り付ける……と分けておくとスムーズ。

文房具

小さいモノこそ混ざらないように

書けるマジック、切れるハサミなどレギュラーを配置。のりやペンの予備は薄い菓子箱に入れて2段にしても。

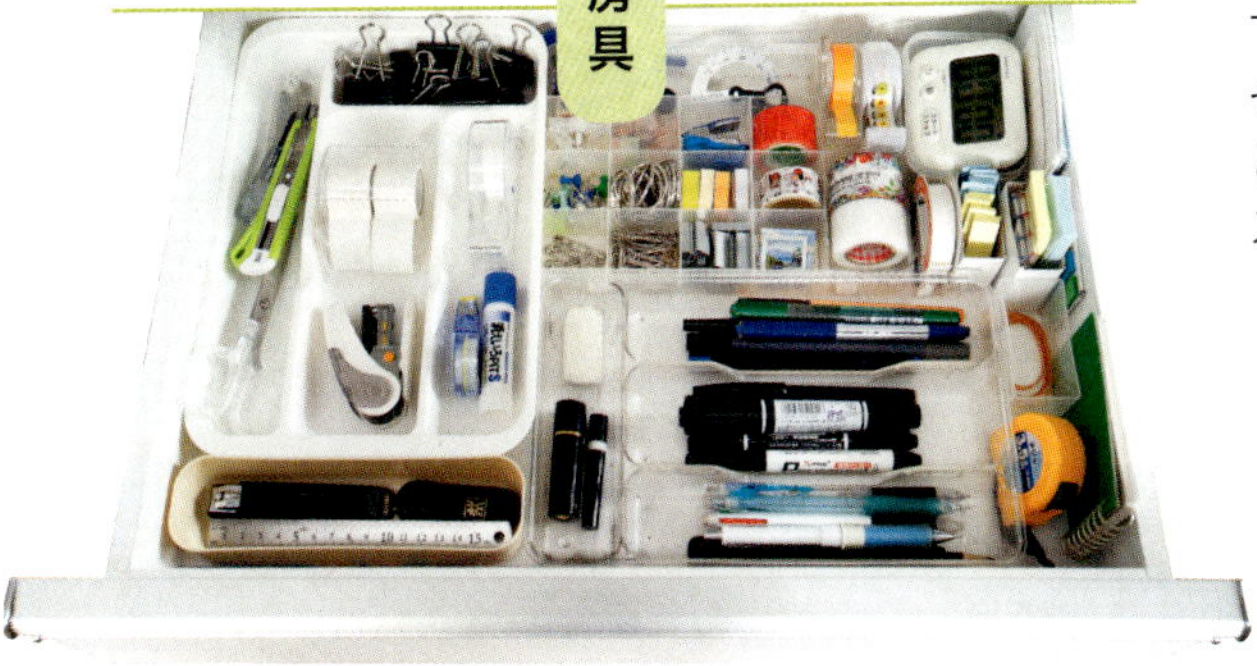

洗面所

お風呂上がりはここだけ

タオル、ドライヤー、ゴミ箱、下着(カゴの中)。お風呂上がりに使うモノを集約。夫の散髪セットも。

薬

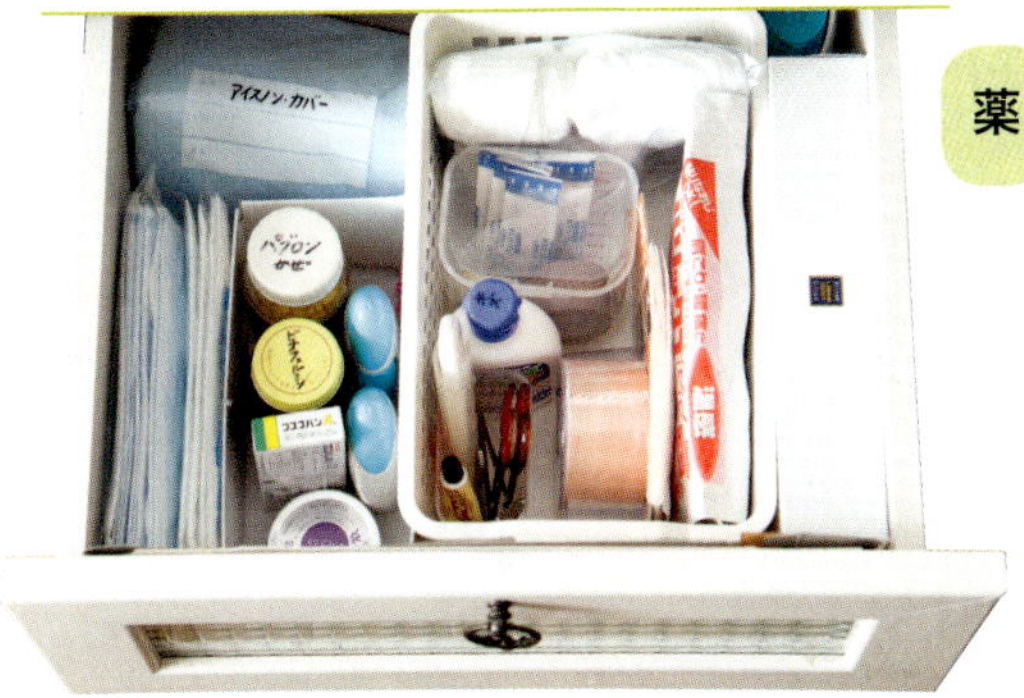

「内服薬」と「外用薬」に分ける

わざわざ専用薬箱に入れなくても、家族が集まるリビングの引き出しひとつに。処方薬の残りは処分します。

収納グッズは、あるモノで何とかなる

片づけのご相談で多いのは、「どんな収納を買ったらいいですか？」。そんなときは決まって、「どうか、何も買わないで、まず中身を精査してみてください」とお願いしています。容れ物を買えば片づくと思いがちですが、自分で適量を決めない限り、またあふれてしまうからです。

私自身は、昨今の海洋プラスチック問題を考えると、これ以上プラ容器を増やさないよう気をつけたいと思っています。もともと自他ともに認めるケチ。家にあるモノで何とかする習性があります。工作が好きなわけでもないけれど、ちょっとしたことで不便が解決するとプチ達成感に浸れるのもいいところ。

何度も試行錯誤をしていると、空間のサイズ感が身についてくるのを感じます。別の部屋のアレを使ってぴったり収まったりすると、何とも言えず嬉しいものです。

ワインの外箱で
「捨て布ボックス」
縦長の箱は意外と見つからず貴重です。色柄が気になるときは、カレンダーの裏紙を貼って。

2ℓボトルで「ネギ入れ」
2ℓペットボトル×2本で作成。首の少しカーブしたところを切り落とし、もう1本の底部分を使ってふたに。

PCの箱で
「掃除グッズ入れ」
ゴミ箱ラックの下が空いていたので、丈夫なPCの箱がぴったり。メンテグッズを取り出しやすく。

紙袋で
「玉ねぎ&じゃがいも」
手提げ袋の持ち手を取って、口を内側に一度折り込めば、カゴの中を仕切るのに便利。常温保存の根菜収納に。

テーブルに何も置かないメリット

とにかく、一番ここが好き。食事に、仕事に、打ち合わせに、孫とのお絵かきに、夫との団らんに……。一日中ずっとテーブルに張りついている日もあるくらい、わが家の中心はダイニングにあるテーブルです。

それだけに、いつもいろんなモノを出したりしまったりする場所でもあります。ひとつのことが終わるたびに、何も残さず片づけて、台ふきで拭き上げる習慣は変わりません。

テーブルは「私的」なモノですが、いつでもお客様を招いて「公的」な場にできるよう、フレキシブルに対応したいところ。

それを可能にするのは「平ら」に戻すだけ。どんな忙しい日も、一日の終わりにはこの状態に戻すことで視界が開けます。そうすると心が平らになり、穏やかな気持ちで、また明日に希望を持てるような気がします。

テーブル以外に、キッチンの作業台、ローテーブル、書斎机、下駄箱の上など、あらゆる台をスッキリさせていくと、家という空間が自然に整っていきます。

白いモノは、勝手に空間を整えてくれる

お店に並ぶカラフルな雑貨にも憧れますが、結局いつもそばに置くのは白ばかり。色合わせに自信がないのと、多色が目に刺さる空間が苦手なせいもあります。

オブジェならともかく、生活用品にそこまで存在感は求めません。大事なのは無駄のないデザインで洗いやすいこと。白は汚れに気づきやすく、早めに対処できるので清潔感をキープできる点も優れていると思います。

あくまで、主役は中に入れるモノ。そんなスタンスの白い雑貨の心意気が、さりげなく空間を整えてくれているのかもしれません。ほかのモノを妨げず、謙虚に役に立つ、私もそんな存在になりたいものです。

掃除用具のエリアは、清潔第一

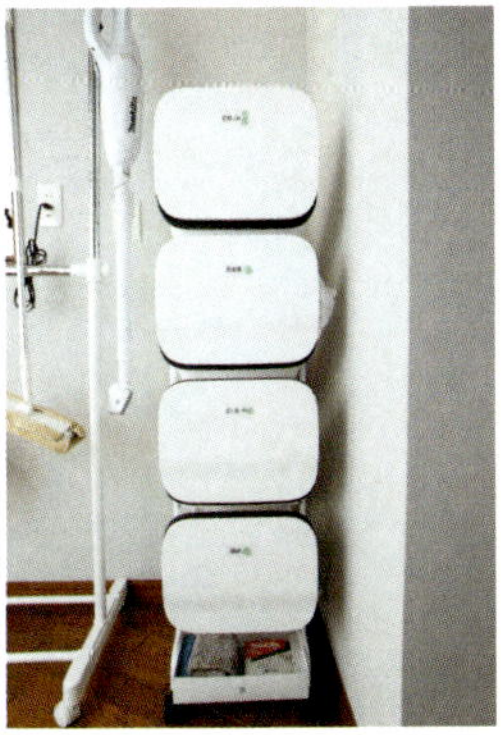

クローゼットの「見える化」で、パパッと選ぶ今日の服

引っ越した家には、たまたま寝室に念願のウォークインクローゼットがありました。ガランとした2畳にまず結婚当初から使っている和ダンスを入れ、たためるセーターやTシャツ、下着類を収納。残りのスペースに天地突っ張りタイプのハンガーラックを設置しました。ハンガーにかけておきたいシーズンのスーツやシャツ類を、目の前に吊るしたことですぐに選べるように。

着る服だけで暮らしたいので、1アイテム5点までにしています。これならギリギリ覚えていられ、衝動買いすることもなくなりました。衣替えのときに写真を撮っておくと便利です。

洋服は1アイテム5点ずつ

春から秋のカーディガンは、この5色。上半身は公共活動と考え、できるだけ明るい色をチョイス。

下駄箱には靴8足まで

ショートブーツ2足、パンプス2足、スニーカー3足、サンダル1足。冠婚葬祭から山歩きまで。箱には入れません。

定数キープで見渡せる
わが家のクローゼット

持てる服・着れる服には、限りがあります。
スペースに入るだけ、で探す手間も節減。

次に着るモノはカゴ引き出し

翌朝の衣類と、脱いだパジャマを交換にカゴに放り込むだけ。これで夫も持続可能に。

オフシーズンのモノも場所とスペースを決める

コート類は通気のいいカバーをかけて左側に吊るし、たためるモノは衣装ケースにひとり1箱ずつ。

靴下、下着類は縦長の箱で仕切り

冬場はほとんど黒の基本形。迷う時間ゼロで手前から取り、洗濯済みは奥に戻します。

あふれやすい
書籍・書類は集中管理で

家じゅうの本を
ここに戻すだけ
（入るだけ）

とっておきたい本はすべてここに。ぎゅうぎゅうではなく、多少の余裕を作っておくことも大切。

読み終わった本や雑誌、気になった新聞の切り抜きやパンフレット。またいつか読むかもと思って「とりあえず」取っておきたくなりますが、これだけの情報社会に溺れないためには「紙に負けない覚悟」が必要かもしれません。

夫も私も活字が好きなので、毎日のように印刷物は増えますが、読み終わったタイミングで、①もう一度必ず読みたい書籍、②保管が必要な書類、③一度読んだら満足、に分けて考えます。

①だけは和室の本棚に、②はジャンル別に食器棚下のフォルダーに投げ込み、③はこまめに古本屋かリサイクルに出します。

たとえチラシ1枚でも、その場でキッパリ判断する習慣をつけないと、やがて立派な「とりあえずの家」ができてしまいます。紙1枚は薄くても、重要な書類から不要なチラシまで価値は

書類が あふれない サイクル

取っておく書類

- 印象に残った新聞記事
- 家事に使える雑誌の特集
- レシピの切り抜き
- PCや家電の取扱説明書
- 住宅・金融関連

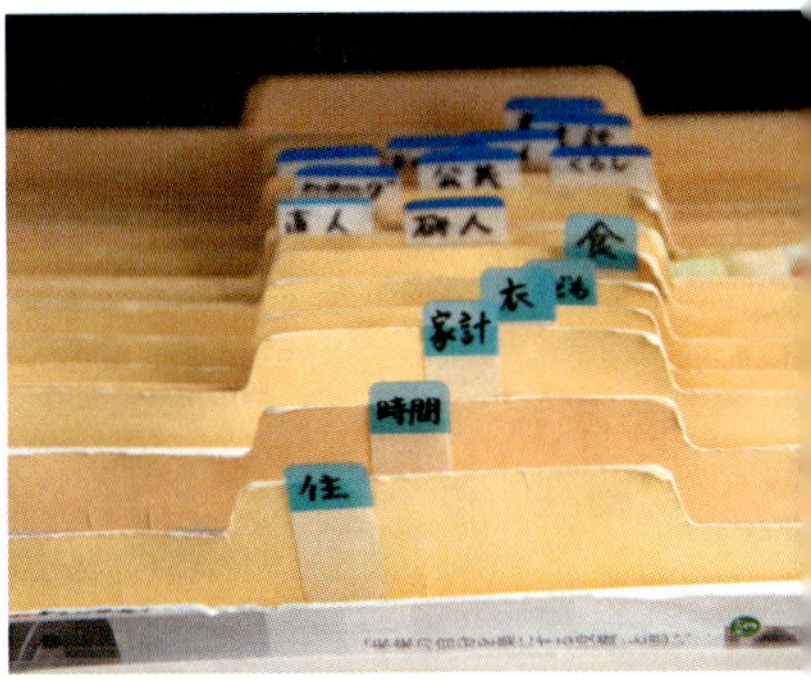

必要と判断したら ジャンル別ファイルに

雑誌や新聞の切り抜き、資料など、残すモノだけを保管。テーマ別、仕事別、子ども別のフォルダを用意しています。

読み返しながら、要・不要を再度チェック

引き出しがキツいな……と感じたら、テーブルにフォルダを出して、必要かどうかチェック。書類もダイエットを。

さまざま。毎日の判断をサボると、必ず未来の時間を奪うのです。

そして①②でしばらく保存したいモノも、本棚や引き出しという「枠」からはみ出す前に精査することが大切。一生かかっても読みきれないほど抱え込むより、価値あるうちに他の誰かの役に立ったほうがいいと思うのです。

ピアノをリビングに置いた理由

15年くらい前に小学生だった次男が貯金をはたいて買った中古ピアノ。前の家ではずっと子ども部屋に鎮座したままでした。クレーンで吊り上げる費用に驚き、今回の引っ越しを機に手放そうかと思ったものの、「アレだけは運んで」と頼まれたのでした。

私たち夫婦の住まいに、もう子ども部屋はありません。ガランとした寝室の片隅に置くつもりでしたが、それではまた誰にも弾かれない「日陰の身」になるかも。思いきってリビングの一角に置いてみると、明るい日差しに木目が映えてピアノも誇らしげです。私も40年ぶりに鍵盤に触れて孫と歌ったり、次男が帰省するたびに目の前で迫力のジャズナンバーを聴けるようになりました。

近くに置くと手入れもしやすく、モノとの関係が親密になるのですね。長いブランクにおじけないで、今年はバッハの平均律を弾けるようになりたい！　そんな気持ちを後押ししてくれるきっかけになりました。

PART 5

生活を“見える化”する
情報の管理術

スケジュールや家計管理、かけがえのない日々の記録。
「時間」と明るい気持ちで付き合っていくために、
私が習慣にしている管理の方法をお伝えします。
客観的に見えてくることで、家事も生活も前向きになれます。

どこにいても、時計が見える家

リビング

「時間に追われるような気がして、時計がキライ」とおっしゃる方がいました。それは、「怖くて家計簿がつけられない」と言い訳しているのと同じではないでしょうか。

私自身は、時計も家計簿も現実を映してくれる鏡のようなモノだと思っています。鏡を見なくても生活できるかもしれませんが、それでは自分を客観視できません。

もちろん時計が時間をおまけしてくれたり、家計簿がお金を増やしてくれるわけではないけれど、私たちには何より尊い命を与えられている以上、「現実を引き受ける」という最低限の責任があると思うのです。

洗面所

テレビ横

和室

寝室

子どもたちが小さかった頃は、つい「早く早く」とせかしていましたが、子どもには急ぐ意味がわからなくて不安にさせるだけでした。「ごはんの時間よ」とか「もう出かける時間よ」と針の形で促したほうが感情的にならずに済むことがわかって、あちこちに時計を置くようになりました。以来どこにいても時間を意識することで区切りをつけやすく、あわてることがなくなりました。時間は味方、私は時計が大好きです。

玄関

トイレ

腕時計

1日を3つに分ける

どんなに元気な人も、一日中エネルギッシュに同じテンションで活動するのは難しいのではないでしょうか。多少の無理がきいた時代もありましたが、今は時間の経過とともに体力と気力の目盛りが少しずつ下がっていくのを感じます。

だからこそエネルギーを満タンにチャージされた朝のうちに体を動かすように意識しています。

私の場合、1日の家事のほとんどを起床後3時間以内に終えてしまうと、スムーズに仕事への切り替えができるように思います。

昼間は精一杯、頭を使いながら仕事をしたり、人との交流でたくさんの新しい刺激をいただきます。

夜は、舞い上がったスノードームを静める時間。夕食後は仕事をしないと決めて、1日を閉じるための家事を済ませたらリラックスタイム。自然にエネルギーが切れて眠たくなります。

このように、1日を3つのブロックで分けて活動し、どうしてもやり残してしまったことは、翌朝一番でやると決めて早起きすればいいのです。

夜すること

すべてを整えながら引き出しに戻していくイメージで、1日を静かに閉じていきます。

・夕食

・1日を閉じる家事
（夕飯準備、片づけ）

・家計簿

・ストレッチ、お風呂

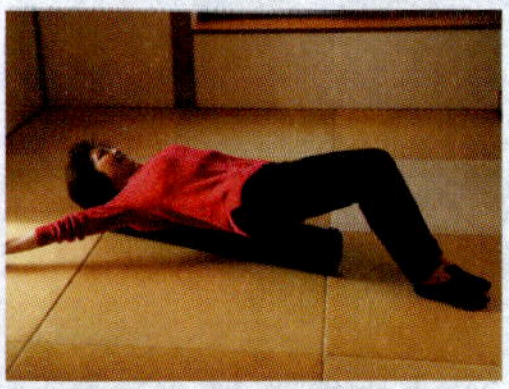

・翌日の準備

・団らん

昼すること

体を動かした後に覚醒した頭を使ってする仕事ははかどります。休憩もはさみながら。

・昼食

・交流や活動
（友の会など）

・ひとりの時間
（読書、仕事など）

朝すること

朝家事は体のウォーミングアップ。いつものルーテイーンで無理なくこなします。

・朝食

・1日を開く家事
（洗濯、朝食・弁当作り、掃除など）

・コーヒータイム

・仕事スイッチ

予定はすぐに書きおろす

自慢にもなりませんが本当に忘れっぽくなりました。「忘れないようにしよう」と思って書いたメモ紙をまた探すようになった頃から「忘れてもいいようにしよう」に変えました。

日用品を切らしたら次回の買い物で買えるよう、すぐにスマホのメモ欄に打ち込んでおけばいいのです。それでも出先で見落とすことがあるので呆《あき》れますが、買い忘れたことには気づくことができます。

仕事関係のメールの返信はできるだけ読んだときに済ませます。込み入った返信をやむを得ず後回しにするときは、必ずメモ欄に打ち込んでおきます。メモ欄は1日に二度はチェックするので、少なくともその日のうちには解決できます。

こうして、私のスマホはもっぱら備忘録や道案内に大活躍。おかげで頭の中はいつでも軽やかです。

**パッと
思いついたことや
買い物メモは…
スマホ**

あちこちの紙やノートに書くと、どこに書いたか忘れるので、もっぱらスマホのメモ欄に。

共有できる**カレンダー**は…家事・家族の予定を書き込む

私の予定を書き込むときには、誰が見ても行き先がわかるように、仕事やプライベートを色分けして記入。

講演会や仕事、プライベートの予定は…**手帳**へ

仕事や私自身の予定は、持ち歩く「手帳」に。決まった瞬間にメモします。赤は友の会、青は仕事、緑は私用でひと目でわかるように。

内容に合わせて、3色ペンで色分け。

毎晩「お金を整える」気持ちよさ

「どこから片づけたらいいのでしょう？」と途方に暮れる方におすすめしているのが、財布のなか。この狭い空間を毎日整理する習慣がついたら必ず部屋も変われると思うからです。

近頃はカード払いで現金はほとんど使わないという人も増えましたが、動きが見えづらいキャッシュレスは、なおさらはっきりと把握する必要があると思います。

手書きの家計簿からPC家計簿に変えて20年近くになりますが、簡単な入力で収支をつかめるので、一日をすっきりした気分で閉じることができます。お金を使いっぱなしで家計簿につけなかった日は、ハミガキを忘れてベッドに入るくらい気持ちの悪いことになりました。いつでも費目ごとに予算からの差し引きがわかるので、やみくもにケチらず、必要なところに潔く使える「羽仁もと子案家計簿」は心強い味方です。

やることは
2つだけ

1

まずはレシートの通りすべて打ち込む

予算からの差し引きを確認しながら、その日の出費の振り返りができます。食費、光熱費、交通費など、費目ごとの割合もPCで瞬時に把握。

入力した
レシートは
すぐ捨てます

現金を数えて財布の中の定位置に入れ直す

2

家計簿の残金と、財布の中身が合っていれば終了。もし差額があれば不明金として計上しておき、思い出した時に打ち直すように。

ほんの5分で、
お金の流れがクリアに！

悩む時間をなくす　わが家の家計ルール

結婚当初は23歳同士、私は寿退社して専業主婦になれたものの、夫の手取りだけではやりくりできず不安でたまりませんでした。母から送られた家計簿を必死につけることで、冷静になれた気がします。月末に家計簿を締めるたびに夫に報告すると、その数字を見ただけで少しずつ飲み会や付き合いゴルフを減らしてくれました。お金のことでは一度もケンカにならずに済んだのはありがたいことです。そのうち私も自宅で教室を始め、少しずつ赤字が解消していきました。

以来35年間、いつも来年の予算を家族で話し合う時間が好きでした。どんな年にしたいかを考えながら、各自がどうしても欲しいモノは初めに予算に取ります。家計もまた限られた枠だからこそ、中身を自由に使えるのですね。

家族のあゆみに合わせて家計を管理

2008年（子育てピーク期）の支出割合

夫49歳・私48歳・長男大学生・長女高校生・次男中学生

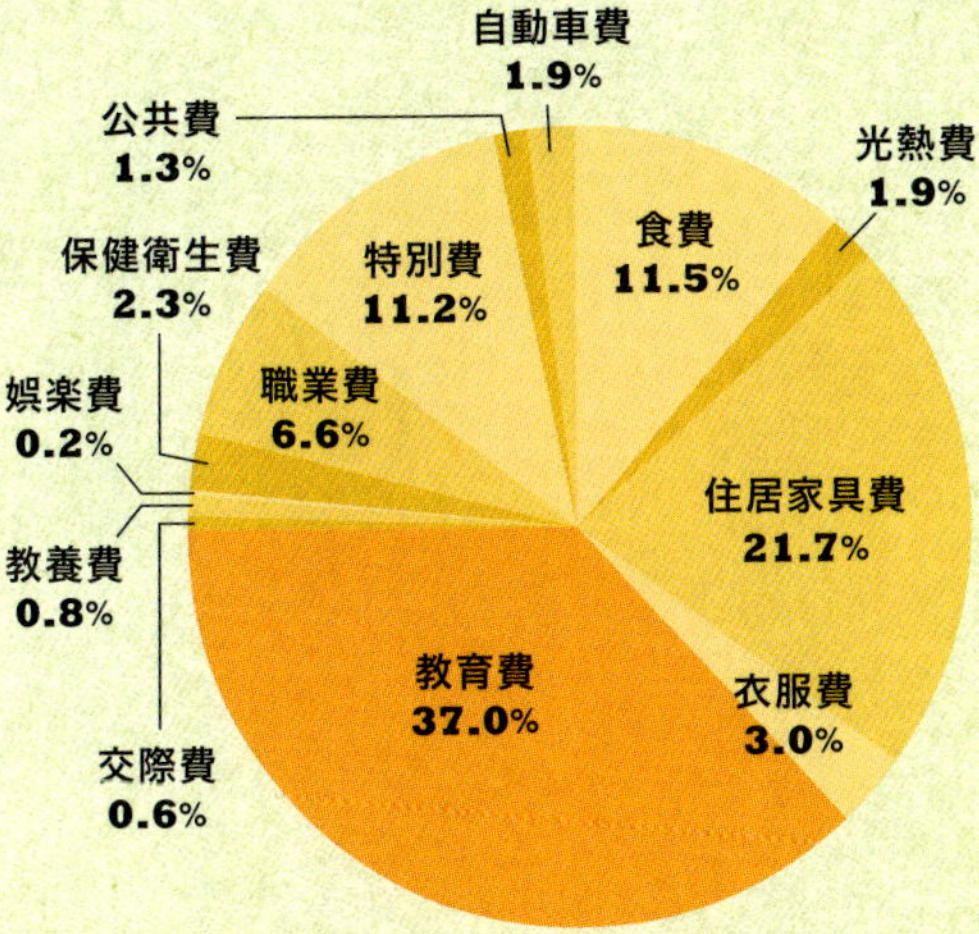

自動車費 1.9%
公共費 1.3%
光熱費 1.9%
保健衛生費 2.3%
特別費 11.2%
食費 11.5%
娯楽費 0.2%
職業費 6.6%
住居家具費 21.7%
教養費 0.8%
教育費 37.0%
衣服費 3.0%
交際費 0.6%

支出がピークのおよそ半分に

2人の子どもが巣立ち、教育費や食費が減少。しかし予期せぬ出費も。だからこそ家計簿をつけ続けます。

2018年の支出割合

夫59歳・私58歳・次男大学生（遊学）

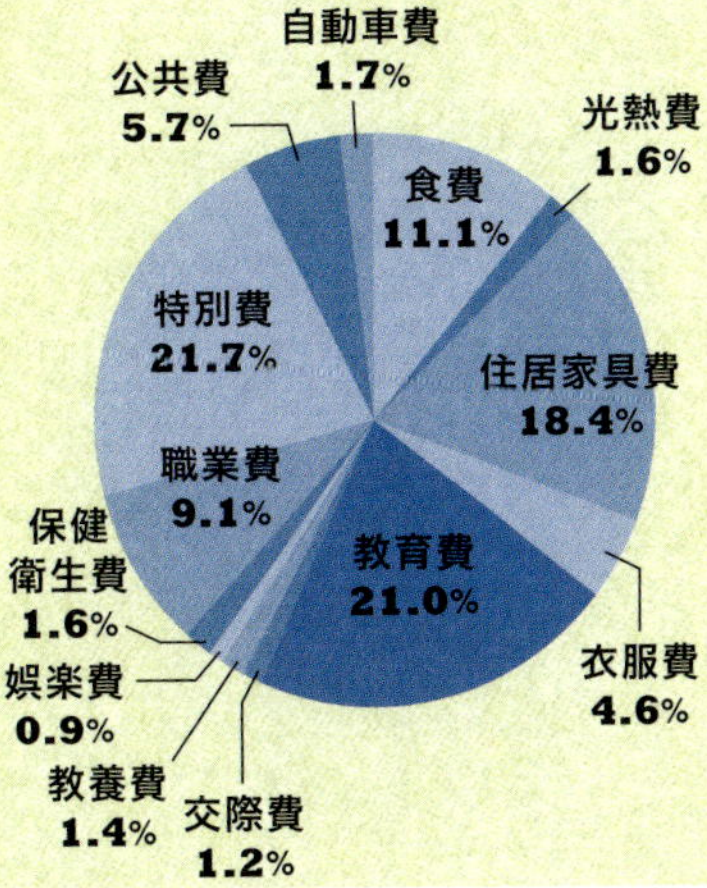

自動車費 1.7%
公共費 5.7%
光熱費 1.6%
食費 11.1%
特別費 21.7%
住居家具費 18.4%
職業費 9.1%
保健衛生費 1.6%
教育費 21.0%
娯楽費 0.9%
衣服費 4.6%
教養費 1.4%
交際費 1.2%

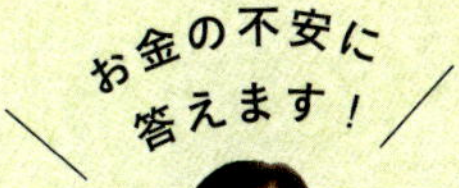

お金の不安に答えます！

いくら節約しても、黒字になりません……

収入をハッキリつかんで優先したい費目から予算配分を

家計簿をつければ、どう使っているかを確認できます。それを家族で共有すれば、家計の枠を意識できるようになります。

いつまでに、いくらを貯めればいいですか？

生活レベルを考えて見通しを立てましょう

65歳夫婦の場合、仮に余命20年で約2000万円という概算は出ていますが、生活レベルによって違うので正解はありません。

毎日が必死の主婦の記録

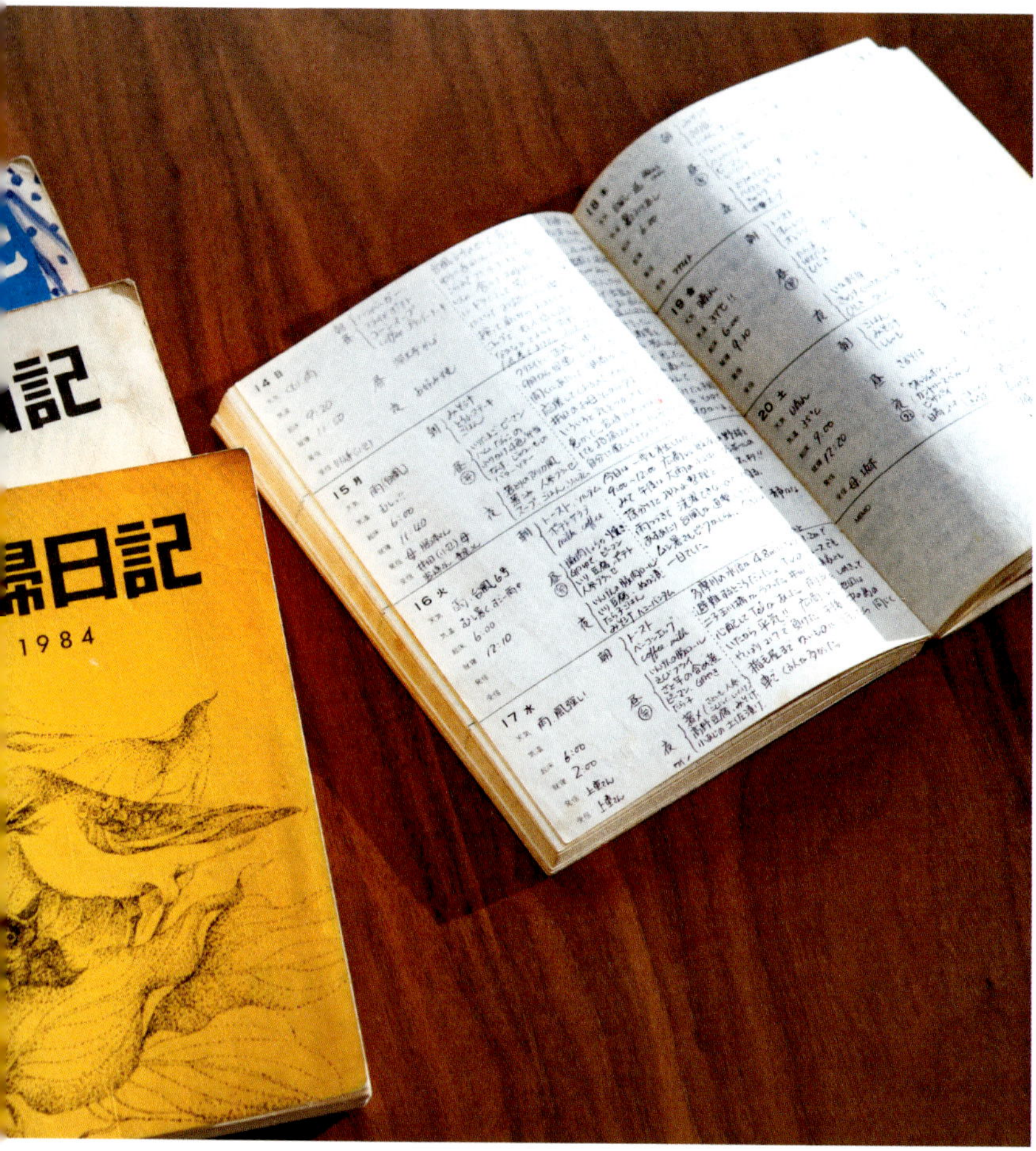

結婚して初めて実家を遠く離れて、OLから憧れの専業主婦になりました。ところがキツかった仕事から解放されて、お気楽な主婦になれると思ったら大間違いでした。慣れない家事をこなすだけで精一杯。いちいち実家に電話して聞くのもお金がかかる時代、まわりには誰も知り合いがいなくて昼間は孤独感でいっぱいでした。

一番の悩みの種は、やはり毎日のごはん作り。当時レパートリーは限られていたので、数少ない手持ちの料理本を片っ端から作ってみたものです。

朝食、お弁当、夕食のメニューを記録したのは切羽詰まったときの自分を助けるためでもあったのです。そんなに力まなくても、焼いただけ、蒸しただけの名前のない料理でもよかったの

毎日つけた日記は
見返す時間が楽しみ

日記を書き始めてから、5年後に長男を出産するまで、枠の中をぎっしり書くのが日課でした。

子どもの直筆
メッセージも、
今となっては宝物。

食事内容の記録で
家族の好きなものを知る

当時作っていたお弁当の写真と、食べ盛りの子どもからのコメントは嬉しくて励みになりました。会話は減っても胃袋でつながっていた時期です。

に、ただ一生懸命もがいていたように思います。

でも5年後にようやく子どもが与えられたら、悩んでいる暇はなくなり自然に段取りもよくなっていきました。主婦日記をつけることで、少しずつ主婦にしてもらったような気がします。

28 木

天気 晴れ
気温 31°C.
起床 6:00
就寝 12:20
発信
受信

朝
- ごはん
- さつま汁
- 大根おろし.卵
- チーズあげ

昼（弁）
- 豚のケチャップ焼
- キャベツ
- 春巻
- 玉子やき
- 人参.さやえんどう

夜
- ポークビーンズ
- しそごはん
- きゅうりとみそ

夕方、芳人さんから トワイライト・デートの Tel があり 新宿へ 出かけた。家から 夏服が きていないので、Gパンか 白パンツの上に きるニットを 三峰で 探してもらった。三峰には なくて 向いの店で イエローニットを 買ってもらった。ウ・レ・シ。うちかえって ごはんたべて、二人で 白ズボン はいて ファッションショーごっこして ねた。明日からは お客さん。がんばらなくっちゃ。

---

29 金

天気 晴れ
気温 32°C
起床 6:05
就寝 12:10
発信 森下
受信 畑.

朝
- ごはん
- みそ汁
- きんぴら
- 納豆

昼（弁）
- ウィンナー
- ゆで玉子
- ピーマン
- きんぴら.

夜
- ハンバーグ
- コーンスープ
- サラダ

15:20 東京着の 恵ちゃんと クリハラさんを 迎えにいった。猛暑とは こういうのを いうのだろうか。2人とも 疲れているせいか 家にきて ボーっとしていた。芳人さんは 今日に限って ちょっと 残業で 帰宅は 8:00。ごはんを たべて、欽ちゃんの 週間欽曜日を みて コーヒーゼリーと 梅酒ジュースを のんで ねた。
★恵ちゃんは coffee が だめ!! なんだそう。しらなかったの 夜は ひどい 熱帯夜で、恵ちゃんたちは ねられなかったみたい。

---

30 土

天気 晴れ
気温 31°C〜
起床 6:45
就寝 11:20
発信
受信

朝
- イングリッシュマフィン
- ツナサラダ
- コーンスープ
- メロン

昼
- カレーライス
- メロンエード

夜
- すし.
- ビール.
- （佐川家）

7:00 おきて 8:38の 岩本町いきで、九段下で 東西線に のりかえる。浦安に 着いて 洋子ねえさんが 迎えに きてくれる。ディズニーランドへ 直行し 10:45〜6:40 なんと 8時間も うろうろしていたことになる。帰りは 雄次郎さんに 迎えにきてもらい おすしを ごちそうになる。恵ちゃんと クリハラさんが 寝不足と 疲れで 一言も しゃべらなかったので 本当に ぐったりしているのに 悪いことをした。

---

31 日

天気 晴れ
気温 32〜3°C
起床 8:40
就寝
発信
受信

朝
- みそ汁
- きんぴら
- 大豆の煮もの
- もも.ぶどう.

（外）昼
- やきそば

（外）夜
- ごはん
- ジョンブルステーキ
- サラダ.
- ビール

朝は シンとして 昨日の 疲れが でたのかなーと 思ったけど 10:30 ころから よみうりランドの プールへ。頭が ズキズキして ちょっと こわかったので 泳がなかった。ものすごい 芋の子あらいの プールで 子供づれは 大変だと 思った。3:00〜4:00の 水中バレエを みて、トマトで 休憩。氷→オレンジ→コーラ→ブルースカイ→ビール→アイスコーヒー etc. すごい 飲料日だった。夜は 紫峰の ジョンブルで ステーキ おいしかったー。ペロッと 180g たべて 帰った。

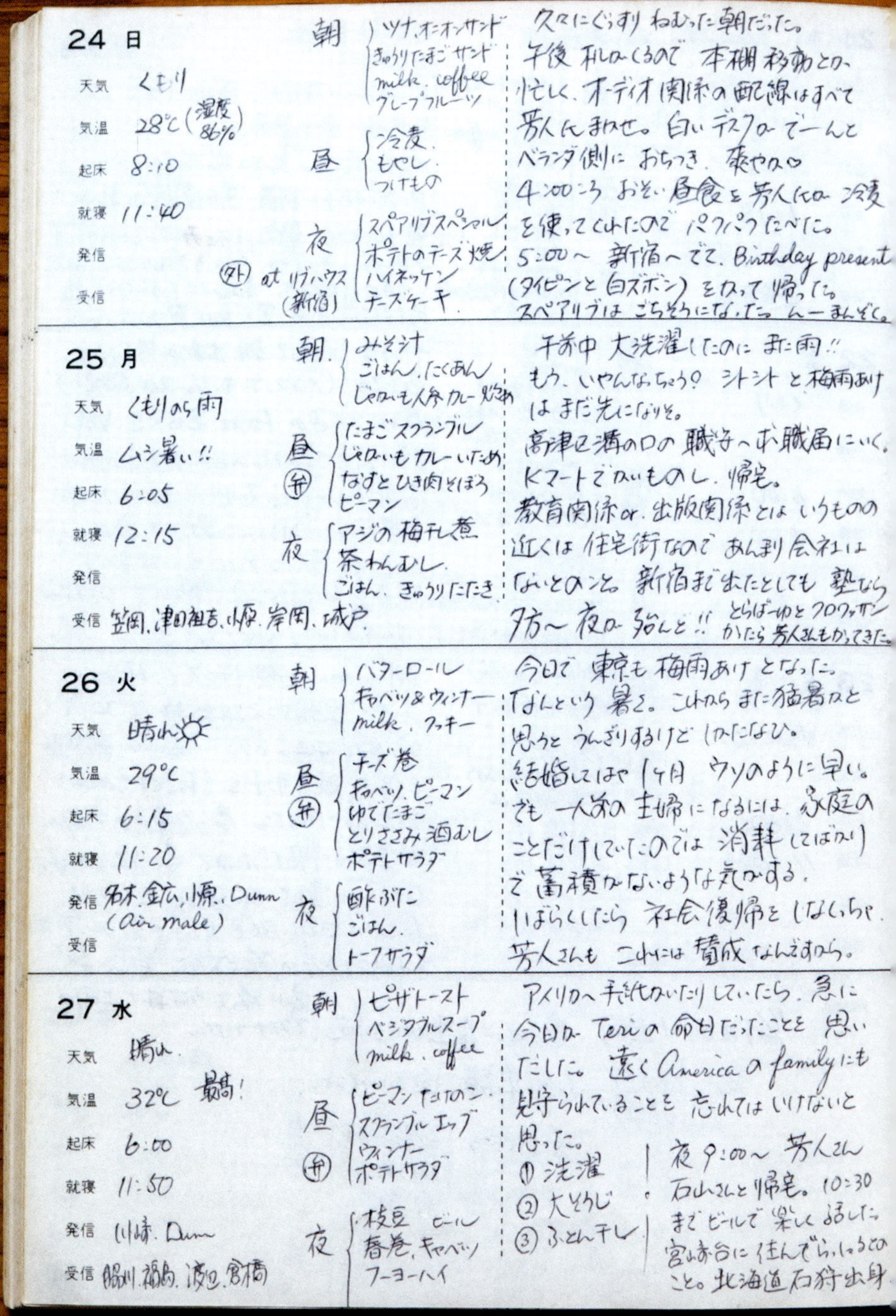
24 日
天気 くもり
気温 28℃ (湿度86%)
起床 8:10
就寝 11:40
発信
受信
朝 ツナ、オニオンサンド / きゅうりたまごサンド / milk. coffee / グレープフルーツ
昼 冷麦、もやし、つけもの
夜 スペアリブスペシャル / ポテトのチーズ焼 / ハイネッケン / チーズケーキ
(外) at リブハウス (新宿)
久々にぐっすりねむった朝だった。午後 机がくるので 本棚移動とか忙しく、オーディオ関係の配線はすべて芳人にまかせ。白いデスクがでーんとベランダ側におちつき、爽やか。4:00ころ おそい昼食を芳人が冷麦を作ってくれたので パクパクたべた。5:00~ 新宿へでて、Birthday present (タイピンと白ズボン)を買って帰った。スペアリブはごちそうになった。んーまんぞく。
25 月
天気 くもりのち雨
気温 ムシ暑い!!
起床 6:05
就寝 12:15
発信
受信 笠岡、津田祖吉、小原、岸岡、城戸
朝 みそ汁 / ごはん、たくあん / じゃがいも人参カレー炒め
昼 (弁) たまごスクランブル / じゃがいもカレーいため / なすとひき肉そぼろ / ピーマン
夜 アジの梅干し煮 / 茶わんむし / ごはん、きゅうりたたき
午前中 大洗濯したのにまた雨!! もう、いやんなっちゃう? シトシトと梅雨あけはまだ先になりそう。高津区溝の口の職安へ求職届にいく。Kマートでかいものし、帰宅。教育関係or.出版関係とはいうものの近くは住宅街なのであんまり会社はないとのこと。新宿まで出たとしても塾なら夕方~夜が殆んど!! とらばーゆとクロワッサンかったら芳人さんもかってきた。
26 火
天気 晴れ☀
気温 29℃
起床 6:15
就寝 11:20
発信 松本、鈴木、小原、Dunn (Air male)
受信
朝 バターロール / キャベツ&ウィンナー / milk、クッキー
昼 (弁) チーズ巻 / キャベツ、ピーマン / ゆでたまご / とりささみ酒むし / ポテトサラダ
夜 酢ぶた / ごはん / トーフサラダ
今日で東京も梅雨あけとなった。なんという暑さ。これからまた猛暑かと思うとうんざりするけどしかたない。結婚してはや1ヶ月 ウソのように早い。でも一人前の主婦になるには、家庭のことだけしていたのでは消耗してばかりで蓄積がないような気がする。しばらくしたら社会復帰をしなくちゃ。芳人さんもこれには賛成なんですから。
27 水
天気 晴れ
気温 32℃ 最高!
起床 6:00
就寝 11:50
発信 川崎、Dunn
受信 昭川、福島、渡辺、倉橋
朝 ピザトースト / ベジタブルスープ / milk. coffee
昼 (弁) ピーマンたけのこ / スクランブルエッグ / ウィンナー / ポテトサラダ
夜 枝豆 ビール / 春巻、キャベツ / フーヨーハイ
アメリカへ手紙かいたりしていたら、急に今日がTeriの命日だったことを思いだした。遠くAmericaのfamilyにも見守られていることを忘れてはいけないと思った。
① 洗濯
② 大そうじ
③ ふとん干し
夜9:00~ 芳人さん石山さんと帰宅。10:30までビールで楽しく話した。宮崎台に住んでらっしゃるとのこと。北海道石狩出身

1983年の6月26日、結婚式当日からつけた「主婦日記」はまるで日直ノートのよう。

column 5

『羽仁もと子著作集』が教えてくれたこと

友の会（婦人之友の読者の会）に入会して一番よかったと思うのは、毎週1回集まって読書の時間を共有できたことです。創立者の羽仁もと子は明治大正昭和の激動の中で、一貫して家庭がよくなることで社会も変わると信じて、具体的な提言をしてきました。

21巻の著作集の中でも第9巻「家事家計篇」は90年前に書かれたとは思えないほど、今こそすべての人に読んでいただきたい家庭運営のバイブルです。なかでも「私どもはいつからでも新しくなることが出来ます。朝《あした》に道を聞いたら、夕をまたずに実行すればよいわけです。一人一人真剣な主婦になりましょう」という言葉に、どれだけ励まされたかしれません。

そして予定生活と予算生活が暮らしの両輪になることを知り、時間とお金の使い方を大切に考えるようになりました。ひとりでは怠けてしまう私が、仲間と生活を照らし合わせながら36年の歩みができたことにただただ感謝です。

『羽仁もと子著作集
第9巻 家事家計篇』
（婦人之友社）

PART

6

くつろぐための

自分と家族の時間

家事時間を整えて目指したいのは、合理化して生み出した時間で
「どう自分が過ごしたいか」を考え直すことです。
家族や自分だけでなく、地域や社会に時間を捧げられるように
持ち時間を整えたいと思っています。
わが家の一例ですが、1年の過ごし方や習慣をご紹介します。

週末は心身ともにリフレッシュ

子育て中の週末はずっと、息子の試合の応援に行ったり、娘のバレエを観に行ったり過ごしていました。

夫婦ふたりの生活になってから、「明日はここ行ってみる？」と金曜の夜に夫が楽しいプランニングを提案してくれます。土曜日にふたりとも予定が入っていないときは、できるだけ自然の中へ。山歩きか、自転車で街探検。季節を感じながら共有した時間は、そのまま私たちの歴史になります。

自宅で教室をしていた頃、週末もつい仕事をしてしまう私を気遣って、家から引きはがしてくれたのがきっかけでした。おかげで私も仕事を忘れて自然の風に吹かれているうちに、家の中では思いつかなかったようなアイデアが浮かんだり、思いわずらいが吹き飛んだりして、気持ちがリセットされるのを感じています。

基本的に土曜日は外歩きやサイクリングを楽しみ、日曜日は教会や庭仕事などで心身を整えます。週末は心身をリフレッシュして、月曜からまた元気に働くリズムを作るようにしています。

家事を滞らせない

ある土曜日のスケジュール

6:00

いつも通りに起床

平日との誤差を30分以内にしておくと快調です。

7:00

朝食はゆっくり過ごす

ラジオを聞いて、食後のコーヒーとともに新聞読み。

8:00

家事はふたりで

夫はゴミ出しと掃除。私は台所片づけと洗濯を干すだけ

9:00

出かける準備

山のときはおにぎりを持って、街も水筒だけは忘れずに出発。

夫と
サイクリングに
はまっています

アウトドアウェアで
気持ちが高まる

雨天のときも使える、上下のアウトドアウェア。クローゼットの見えるところにかけておいて、いつでもスタンバイ。

近所までなら、
いつもの自転車で

夫はマウンテンバイク、私はママチャリとチグハグですが、一緒に走らせるのが楽しい時間。

9:30

サイクリング

市場周辺の店を覗いて回るのも楽しみ。そのまま海沿いまで出て走ることも……

12:00

お昼ごはん

在宅する日なら、夫がランチ作りを担当。山歩きなら、おにぎり持参。

17:00

帰宅

山歩きの日も明るいうちに帰宅。疲れを持ちこさない程度に。

年末仕事こそ家事シェア

大掃除してクリスマスやお正月の用意……と、ただでさえ気ぜわしい年の瀬の家事を、すべて主婦ひとりが抱え込んでしまうことはありません。以前は私もがんばりすぎて、かえって12月が憂うつになったりしたものです。

軽い気持ちで新年を迎えるためには、11月くらいから頭の中の「やらなくちゃ」を全部おろして書き出してみましょう。家事を住・食・衣・事務に分けて具体的に書いておき、家族がやってくれたら色分けしてシールを貼ると励みになります。今は夫が外回りや高いところを中心に済ませてくれますし、換気扇は夏にシフトしたので、年末はイベントを思いきり楽しめるようになりました。

やった人が
シールを貼るのが、
井田家のルール。

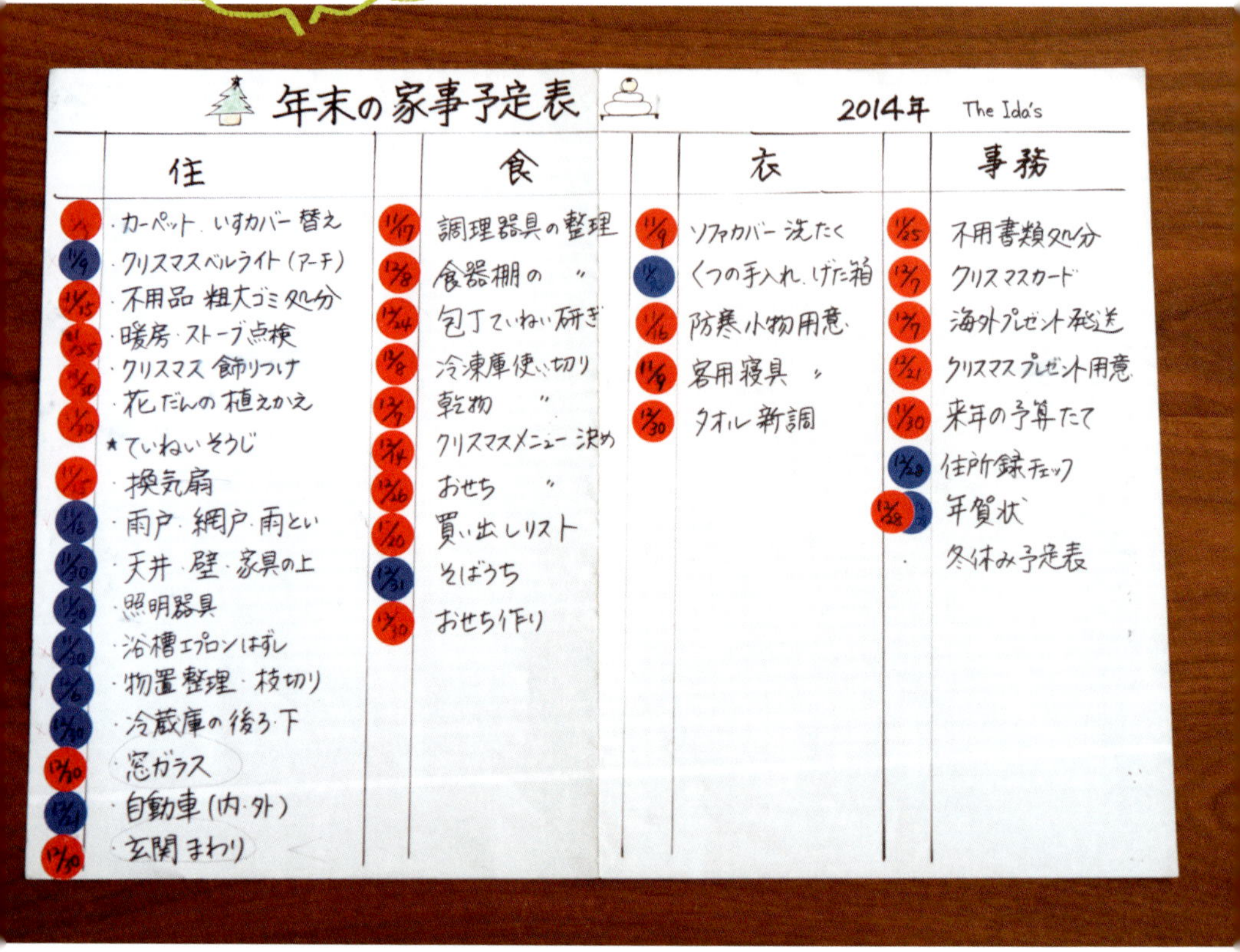

年末の家事予定表
2014年
The Ida's
住
カーペット、いすカバー替え
クリスマスベルライト（アーチ）
不用品 粗大ゴミ処分
暖房・ストーブ点検
クリスマス 飾りつけ
花だんの植えかえ
★ていねいそうじ
換気扇
雨戸・網戸・雨とい
天井・壁・家具の上
照明器具
浴槽エプロンはずし
物置整理・枝切り
冷蔵庫の後ろ・下
窓ガラス
自動車（内・外）
玄関まわり
食
調理器具の整理
食器棚の 〃
包丁ていねい研ぎ
冷凍庫使い切り
乾物 〃
クリスマスメニュー決め
おせち 〃
買い出しリスト
そばうち
おせち作り
衣
ソファカバー洗たく
くつの手入れ、げた箱
防寒小物用意
客用寝具 〃
タオル新調
事務
不用書類処分
クリスマスカード
海外プレゼント発送
クリスマスプレゼント用意
来年の予算たて
住所録チェック
年賀状
冬休み予定表

わが家の年末は11月から

12月はイベントが多いので、年末の家事は11月から着手しておくと気持ちが軽くなります。

高い場所の掃除は夫が担当

普段手の届かない天井・照明器具・冷蔵庫や食器棚の上など、夫にほこりを取ってもらいます。

冷蔵庫・ストックもリセット

クリスマスからお正月は、特別な食材で冷蔵庫のスペースを取ります。とくに冷凍庫は普段の作りおきを食べきるつもりで。

大晦日は恒例の夫のそば打ち

ここ10年くらい夫がそば打ちをします。義母、帰省した息子、娘一家も加わってにぎやかな年越しの一大イベント。

1年の予定を作っておく

四季を味わいながら、その時期に適した家事を回していくためには、やはり予定表が欠かせません。これさえあれば毎年忘れずに、家のメンテナンスや事務仕事ができます。

でも近頃はあまり無理をしないで、本当に大切にしたいことを優先できるよう見直しているところです。おかげでひとつずつの家事をゆったり楽しむことができるようになりました。

その季節ならではの食材を使った保存食や行事食は、できるだけ家族と一緒に作るようにしています。そうやって、カナダ人のオムコさんや孫たちにも日本の食文化を少しでも伝えていけたらと思っています。

1月

前年の家計まとめ

12月31日までの家計簿を締めて1年の決算を出します。毎日つける醍醐味はこの瞬間。

1年分の味噌仕込み

ゆで大豆と米麹と塩を混ぜ、かめに仕込みます（P58）。1年後から食べられます。

2月

手仕事を楽しむ

ハギレや古着を使って、鍋つかみや弁当袋など針仕事を楽しみます。

春の非常食点検

レトルトなどの非常食には、賞味期限を大きくマジックで記入。3月と9月に食べきって更新。

書類やファイル整理

年度末（春休み）には親子でたまった書類を整理する絶好のチャンス。

3月

ジャム、庭園仕事

いちごジャムを作り、花を植え替えたり、夏野菜の苗を植えたり。

寝具・衣替え

GWの連休前に、冬物の洗濯や手入れをしてしまいます。

4月

食品ストック

多湿になる梅雨入り前に。とくに乾物類は在庫一掃を心がけます。

草むしり・剪定

気温が上がって伸び放題になる前に、緑の手入れをスタート。

5月

扇風機&エアコン

エアコンのフィルターを洗ったり、扇風機を出して暑い夏に備えます。

梅酒作り

梅酒や梅シロップ、しそジュースなどを仕込む、この季節ならではの仕事。

6月

8月

娘一家とBBQ
夏は毎週末、庭先でオムコさん任せのBBQを一緒に。

7月

換気扇掃除
年末から、油汚れがゆるむ夏にシフト。海の日にやると決めています。

家計6か月まとめ
1年の予算に対し、半期の家計を振り返り。使いすぎとゆとりを確認。

9月

秋の防災点検
9.11には、防災リュックの中身の賞味期限やストックを点検。

10月

翌年の予算立て
10か月の平均の家計を出したところで、来年の見通しを早めに決定。

11月

衣替え
夏物を手入れしながら、傷み具合をチェックしてしまいます。

年末の家事予定表
年末の家事は余裕をもって、11月からスタートするのが井田家流。

12月

年賀状の準備
昨年届いた年賀状の束を参考に、カウントして準備。

来客寝具の確認
布団・シーツなどを点検し、干したりして準備しておきます。

クリスマス・おせち計画
それぞれメニューを決めて、一緒に住む娘と分担して準備を。

普段のメイクは4つだけ

ファンデーションは
リフィルを詰め替え。
KATE
TOKYO
眉ペンシルは
ブラシ付き。
口紅は
顔映りのいい
レッド系。
CANMAKE
Glow Fleur Cheeks
ちょっとした外出には
チークをプラス。

スッピンで外に出られる人がうらやましいと思いつつ、私自身その勇気はありません。うつむき加減で誰にも会いませんように、と思っているときに限って知人にバッタリ、というのはよくあることです。ちょっと外回りの掃除をしていたら、近所の方と立ち話になることも……。

それならいっそ、起きたときに顔を洗ったついでに軽くメイクしてしまえばいいのです。子育て中にそんな余裕はありませんでしたが、これからは最低限の身だしなみとしてのメイクを心がけたいと思っています。

保湿したらファンデーションを伸ばして、眉を足し、口紅をひくだけ。外出のときはチークを足す程度です。「ママ、もうちょっと何とかしたら?」ときどき2階の娘が目尻にまつ毛エクステをしてくれるので、アイメイクもなし。とても助かっています。

家族の健康をいたわる習慣

健康だけは根拠のない自信があったのに、50代の初めにひどいめまいで倒れて以来、疲れをためないように気をつけるようになりました。定期的にジムに通えばいいのでしょうが、不定期な仕事も多く、会費が無駄になることを恐れて足が向きません。

越してきた家の屋根裏部屋は、娘夫婦のトレーニングスペースになりました。元トレーナーの娘に、筋膜リリースを教わることも。

そして何より大切にしているのは、バランスよく食べること。肉魚の4倍の野菜を食べる感覚が身につき、ある程度の体型維持を意識して体重計には毎日乗ります。これからは、筋肉量を増やすのが課題です。

屋上の見晴らしのいいバルコニー。ストレッチしていると心身ともに解放されます。

共有のジムスペース

屋根裏のゲストルームで、簡易トレーニングできるように。グッズも集結しているので、ここに来てやるだけ。

お風呂を愉しむ工夫

元気に葉を広げるモンステラを眺めつつ、湯船で1日の疲れを癒やします。

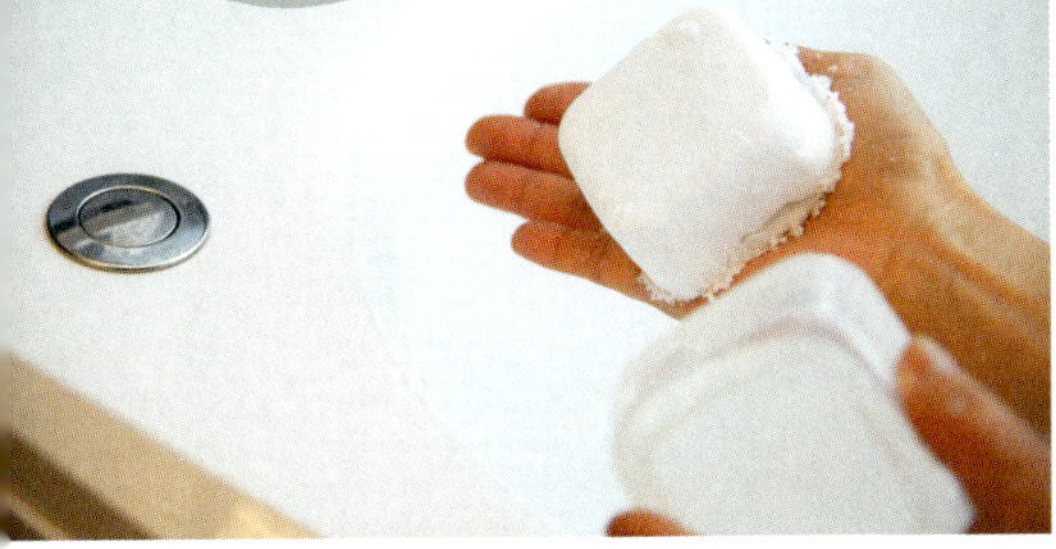

重曹入浴剤の作り方（約3回分）

重曹100gとクエン酸130gをポリ袋に入れて霧をふき、混ぜて型に詰める。使用後は浴槽や配管もキレイに。

ヨーグルトを欠かさない

牛乳1本にドリンクヨーグルトを50mℓ加え、メーカーにセット。12時間で1ℓ分のヨーグルトに。

バランスよく目安量を食べきる

夫婦の1日分＝乳製品400・卵80・肉魚220・豆製品140・芋野菜800・果物300g。覚えておくと便利です。

思い出品はすぐ見返せるように

子どもたちの絵やこづかい帳や写真など、押し入れや収納ケースに入れっぱなしだった思い出グッズ。引っ越しを機に点検し直し、繰り返し見たいモノを厳選しました。これらをまた押し入れにしまったのでは、日の目を見ないことになりかねません。たまたまパントリーのような物入れがあったので、ここに夫が可動棚を設置、カテゴリー別に分類しました。

下から古い順に、①独身時代からのアルバムや大切な手紙、②子どもたちの思い出と卒業アルバム、③私の日記や連載した『婦人之友』、④現在に至るアルバムと取扱説明書や家のメンテナンス書類。これで、いつでもだれでも閲覧可能です。

留学時代の日記や交流記録

学生時代にお世話になったアメリカ・カンザスの家族とは、40年近く文通やメールのやり取りが続きました。

3人の子どもからの手紙は宝物

母の日や誕生日など折に触れてもらった手紙は、思春期の嵐のさなかに幾度も読んで癒やされました。

かけがえのない両親や実家からの手紙

故郷を遠く離れ、心細かった新婚時代からずっと私たちを支えてくれた手紙は、読み返すたびに胸が熱くなります。

密かに読み返したい夫婦のラブレター

メールのない時代の往復書簡は見られたら恥ずかしいけれど、捨てたくない唯一の困りもの。

おわりに

はじめて「時間」という目に見えないテーマを綴る機会をいただいて、どうお伝えしたらいいのか途方にくれました。はじめに書いたように、私の時間の使い方が正しいわけではないからです。「家事時間」においても、一人ひとりの置かれた舞台によって違います。それなら平凡でも、今この時を悦んで受け取っている様子を、ただありのままにご紹介できたらと思いました。

本書では朝起きてから夜寝るまで私の行動を丁寧に追っていただいたので、丸裸になったような気分です。おかげで改めて自分の習慣に気づいたり、いい加減さに少し呆れたりもしました。

還暦目前ということは、昭和の30年で自分自身を育てられ、平成の30年で子育てをしてきたことになります。これからの新しい時代には、命が続く限り、今度は社会のために惜しみなく時間を使う生き方ができたらと思います。

とくに子育てをしながら懸命に働く若い世代が孤独にならないよう、私たち壮年はもっとサポートできるのではないでしょうか。もちろん離れた実家の両親も心配で心懸かりですが、地域の中で異世代が家族のように温かく支え合えたらどんなにいいでしょう。

そのためには、与えられた時間を合理的に使うことで、少しでも他者に捧げることのできる余白を作りたいのです。モノも時間もお金もそういった意味ではつながっています。それらを独り占めしないことは社会を温かく豊かにする第一歩だと思います。

今日を感謝のうちに閉じて、また新しい明日のページをめくる喜びを皆様と分かち合えますように。

2019年1月　井田典子

井田典子 いだ・のりこ

1960年、広島生まれ。整理収納アドバイザー。横浜友の会（婦人之友読者の会）所属。NHK「あさイチ」などで“片づけの達人”、“スーパー主婦”として活躍。主婦ならではの実践的な整理・収納術が好評となり、全国各地で講演会を行う。著書に『「引き出し1つ」から始まる！ 人生を救う片づけ』、『たった1か所を「眺める」ことで始まる！ 人生を変える片づけ』（ともに主婦と生活社）、『片づけられない人はまずは玄関の靴を数えましょう』（主婦の友社）がある。

心と住まいが整う

「家事時間」

2019年2月21日　第1刷発行

著者

井田典子

発行者

片桐隆雄

発行所

株式会社マガジンハウス

〒104-8003 東京都中央区銀座3-13-10

書籍編集部　☎03-3545-7030

受注センター　☎049-275-1811

印刷・製本　凸版印刷株式会社

ISBN978-4-8387-3036-0　C0077

マガジンハウスのホームページ

http://magazineworld.jp/

撮影

青木和義（マガジンハウス）

AD

三木俊一

デザイン

廣田 萌（文京図案室）

書き込んで、自分をふり返る

家事時間“見える化”シート

いつ、何をしているか、自分で把握されていますか。
自分が思っているよりも、家事時間の使い方を
あまり意識できていないかもしれません。
私も毎年のようにふり返ることで、忙しいときや、
予定通りにいかないときも困らなくなりました。

シート
1

料理、掃除、
片づけの段取りをつかむ

朝家事のやることリスト

大半の仕事を抱える朝家事をスムーズにこなせれば、あとは昼間からの自由な時間が作れるようになります。少し細かいかもしれませんが、15分（もしくは30分）1コマの単位で、できるだけ毎日している仕事・動作を書き出してみてください。自分がどこに時間をかけて、つまずいているかが見えてきます。

シート
2

与えられた24時間・
1440分をぬり分け

1日の時間割

私が所属する「全国友の会」では、5年おきに「生活時間しらべ」を行っています。自分の24時間にしたことを記録し、今どう過ごしているか習慣を把握できます。目の前に自分の生活が区分けされれば、どのようにしたいか自然と見えてくるのではないでしょうか。目標とともに、動作の効率化を考えてみましょう。

シート 1

朝家事のやることリスト

	例	今朝	目標
5:00			
6:00	起床、洗濯回し		
	弁当作り		
	朝食作り		
	朝食		
7:00	後片づけ		
	洗濯干し		
	家族見送り		
8:00	玄関掃除		
	各部屋掃除		
	コーヒーブレイク		
9:00	外出準備		
	外出・仕事		
10:00			
11:00	買い物		

＊1コマ＝15分

シート
2

1日の時間割

現在

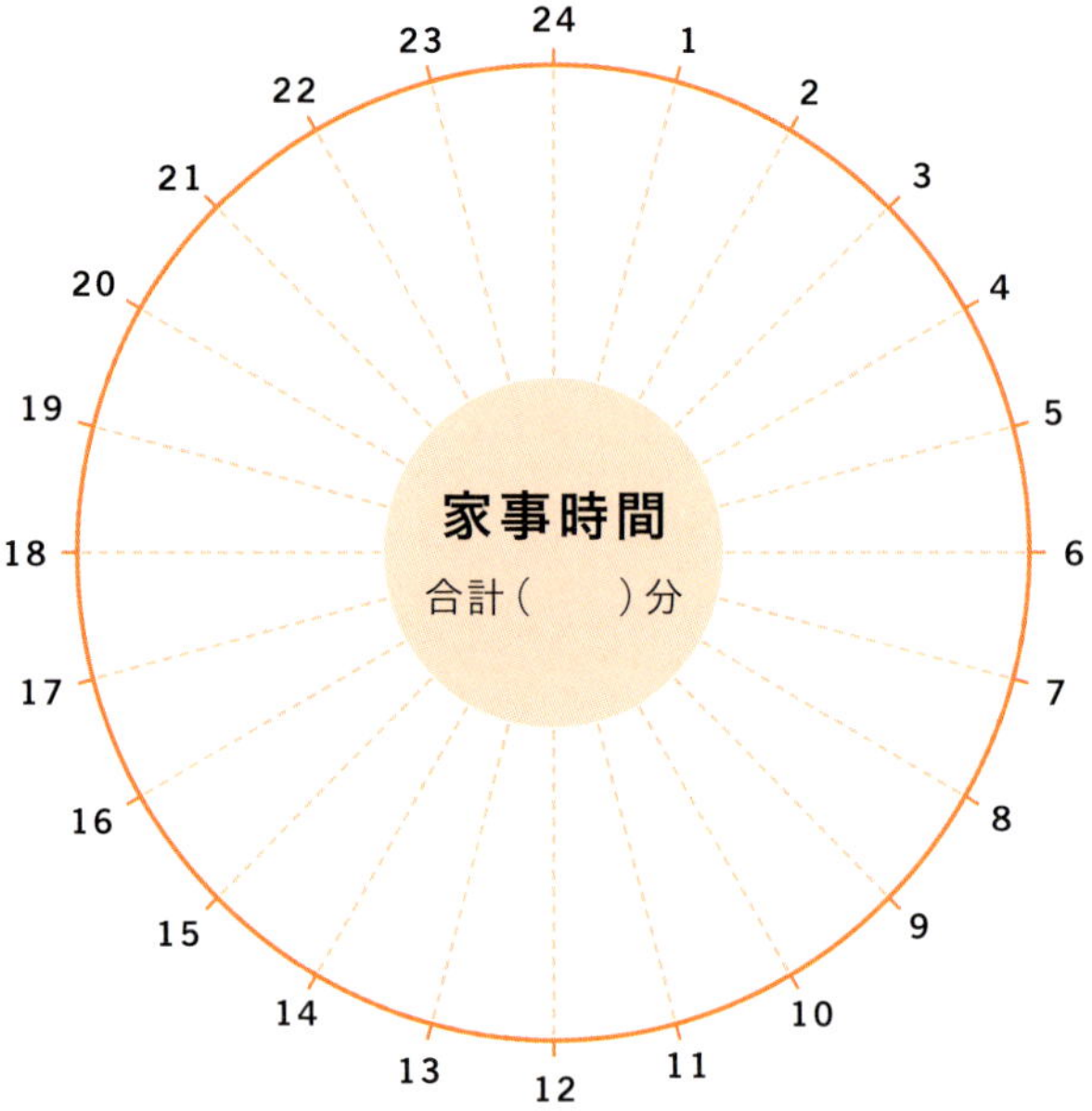

未来

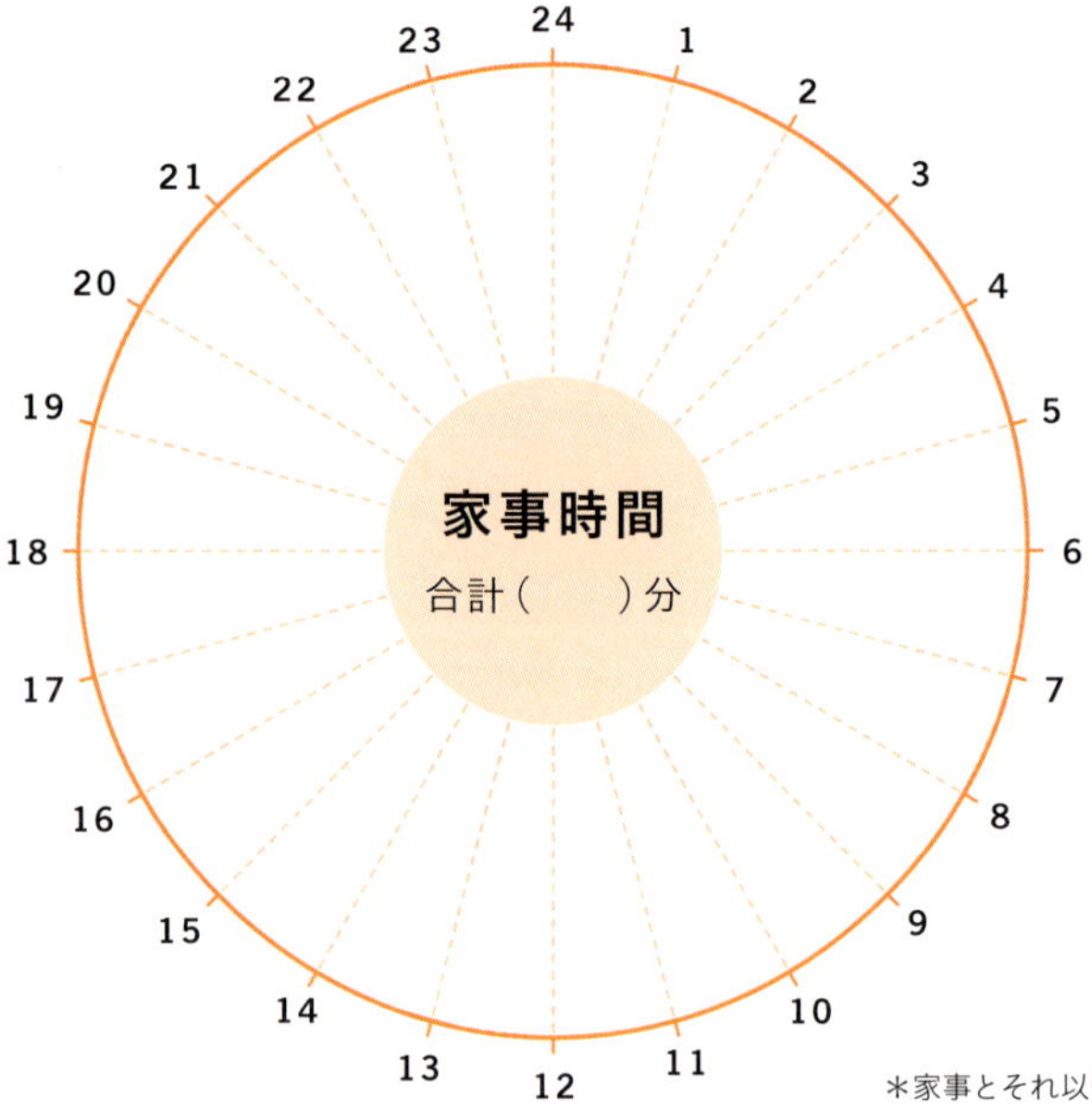

＊家事とそれ以外でぬり分けます